BRESLAUER HISTORISCHE FORSCHUNGEN

HERAUSGEGEBEN VON

HERMANN AUBIN, GISBERT BEYERHAUS, JOSEPH VOGT

Heft 12

GEORG PRESTEL

Die antidemokratische Strömung im Athen des 5. Jahrhunderts bis zum Tod des Perikles

NEUDRUCK DER AUSGABE BRESLAU 1939

1974

SCIENTIA VERLAG AALEN

GEORG PRESTEL

DIE ANTIDEMOKRATISCHE STRÖMUNG IM ATHEN DES 5. JAHRHUNDERTS BIS ZUM TOD DES PERIKLES

NEUDRUCK DER AUSGABE BRESLAU 1939

1974

SCIENTIA VERLAG AALEN

Lizenzausgabe mit freundlicher Genehmigung
des Rechtsnachfolgers des Verlags Priebatschs Buchhandlung, Breslau

Titelnummer 203/07012 * ISBN 3.511.07012.0.

Druck: fotokop wilhelm weihert kg,
Kleyerstraße 12, Darmstadt

Printed in Germany

Meinen lieben Eltern!

Meiner lieben Frau!

EINLEITUNG

Vorliegende Arbeit versucht eine Darstellung der antidemokratischen Strömung in Athen zu geben vom Sturze der Tyrannis bis zum Tode des Perikles. Die Untersuchung umfaßt somit den Zeitraum von 510—429 v. Chr.

Die athenische Geschichte dieser Zeit wird nach herkömmlicher Betrachtungsweise als eine zusammenhängende und folgerichtige Entwicklung der demokratischen Regierungsform angesehen. In diesem Sinne richtet die geschichtliche Forschung ihr Hauptaugenmerk auf die Erkenntnis von Entwicklung und Fortschritt der demokratischen Tendenzen. Doch nur allzuleicht werden bei Betrachtung einer solch scheinbar offenkundigen und zielstrebigen Entwicklung die Kräfte der Gegenseite zu wenig beachtet, wodurch das Gesamtbild entstellt wird. Es ist daher von Interesse und Bedeutung, einmal in zusammenhängender Darstellung den Blick auf die Momente und Kräfte zu werfen, die hemmend oder verzögernd, wenn auch nicht unfruchtbar, im Wege standen, also die athenische Geschichte gleichsam von der Gegenseite aus zu betrachten.

Diese „einseitige" Betrachtung soll selbstredend nur der Erfassung der ganzen geschichtlichen Erscheinung dienen. Das politische Leben des Altertums zeigt nicht die große Mannigfaltigkeit und damit Unübersichtlichkeit und Zersplitterung wie das Staatenbild späterer Zeiten. Auch das politische Leben im Athen des 5. Jahrhundert zeigt diese Einfachheit. Der politische Kampf zersplittert sich nicht in eine Unmenge von Bestrebungen, sondern das Ringen geht nur um aristokratische bzw. oligarchische und demokratische Staatsform. Daraus ergibt sich eine genauere Bestimmung für unsere Untersuchung. Eine Darlegung der aristokratisch-oligarchischen Politik, ihrer Persönlichkeiten und Zielsetzungen bedeutet zugleich eine Darlegung der antidemokratischen Strömung. Wenn die Bezeichnung „antidemokratisch" aufgenommen wird, so soll damit nicht gesagt sein, daß von Anfang an programmatische Forderungen oder theoretische Anschauungen, die bewußt gegen die Demokratie gerichtet waren, die treibenden Kräfte waren. Vielmehr ist wohl festzuhalten, daß persönliche Machtstrebungen und Standesüberlieferungen zumeist wirksamer waren als alle Doktrinen. „Antidemokratisch" ist für unsere Untersuchung der Sammelbegriff für alles, was in Theorie und Praxis, bewußt oder unbewußt, persönlich oder ständisch gebunden der vorherrschenden demokratischen Richtung der athenischen Politik entgegenstand. Hauptaufgabe der Untersuchung wird auch sein in jedem einzelnen Fall zu klären, was an Positivem in diesem Begriff enthalten ist.

Als natürliche Handhaben zur Darstellung der antidemokratischen Strömung bieten sich die führenden Männer der aristokratischen Politik dar. Nur durch Darstellung ihrer politischen Laufbahn und ihrer politischen Zielsetzungen kann der Verlauf der antidemokratischen Strömung ermittelt werden.

I. ISAGORAS

Innerpolitische Lage bis zum Archontat des Isagoras

Das politische Bild der griechischen Staaten um die Wende des 6. Jahrh. ist vornehmlich bestimmt durch die Herrschaft mächtiger adeliger Persönlichkeiten. Nicht anders in Athen. Hier hat sich der Herrschaftswille des fürstlichen Einzelmenschen zur Tyrannis gesteigert. Peisistratos, gestützt auf große Gefolgschaft, übte unter Zurückstellung der Verfassung eine kraftvolle Regierung aus. Der Sturz seines Nachfolgers, seines Sohnes Hippias, geschah nicht durch eine Erhebung des Volkes, sondern durch die Initiative des verbannten Adels, besonders der Alkmaionididen und durch die Waffen Spartas (Thuk. 6, 59). Diese Faktoren wirken in der Folgezeit.

Das Alkmaionidengeschlecht, das am Sturze des Tyrannen maßgebend beteiligt gewesen war, fand jedoch in seinem Streben nach der Herrschaft an Isagoras, ebenfalls einem Mann aus adeligem, wenn auch wahrscheinlich nichtattischem Geschlecht[1], einen ebenbürtigen Gegner. *Δύο ἄνδρες,* berichtet Hdt. 5, 66, *ἐδυνάστευον, Κλεισθένης τε ἀνὴρ 'Αλκμεωνίδης . . . καὶ 'Ισαγόρης Τεισάνδρου . . . οὗτοι οἱ ἄνδρες ἐστασίασαν περὶ δυνάμιος.* (Vgl. Aristot. A. P. 20, 1).

---

[1] Hdt. 5, 66 berichtet: „Isagoras, der Sohn des Teisandros, stammte aus einem vornehmen Hause, aber seine Vorfahren weiß ich nicht anzugeben. Es opfern aber seine Verwandten dem karischen Zeus". Eine genaue Festlegung der Herkunft des Isagoras ist bei dieser Quellenlage nicht möglich. Zur ganzen Frage s. Busolt, GG, 2, 401, 2. Ein Teisandros ist uns bekannt als Vater des Hippokleides, der Agariste, die Tochter des Kleisthenes von Sikyon, freite (Hdt. 6, 128). Aber die Erwähnung des Gentilkultes des karischen Zeus macht es unmöglich, Isagoras mit diesem Teisandros, der dem Geschlecht der Philaiden angehörte, in Zusammenhang zu bringen. Eine andere Vermutung geht dahin, Isagoras in der Diakria, dem an Boiotien angrenzenden Bergland Attikas, ansässig zu denken (Wilamowitz-Möllendorff, Arist. u. Athen, Berlin 1893, 2, 76, 3). Ein karischer Zeus wurde in Boiotien verehrt (Kroll, RE 9, 2050); einen Teisandros aus Aphidna nennt Plato Gorgias 487 c; zur Gruppe der Diakrier scheint Isagoras in keinem ausgesprochenen Gegensatz gestanden zu haben, da er während der Herrschaft des Peisistratos, des Führers dieser Gruppe, in der Stadt blieb (Hdt. 5, 66). Die Nachricht Herodots über den Gentilkult des karischen Zeus legt jedoch am nächsten die Vermutung, daß das Geschlecht des Isagoras seine Herkunft von einem karischen Gotte oder Heros herleitete und aus Karien nach Athen eingewandert ist (W. Petersen, Quaest. de hist. gent. Att., Diss. Kiel 1880, 6). Hdt. 5, 119 berichtet, daß die Karer die einzigen seien, die dem karischen Zeus Opfer darbringen und 1, 117 nennt er einen Tempel des karischen Zeus in Mylasa.

Machtkämpfe waren es also zwischen herrschaftsdürstenden Adeligen, nicht von Haus aus Verfassungskämpfe [2]. Beide Männer besaßen zahlreiche Gefolgschaft. Isagoras, der während der Herrschaft der Peisistratiden in der Stadt geblieben war, stand in engen Beziehungen zu vielen Adelsgeschlechtern. Diese Zusammenhänge wurden umso enger, je mehr Kleisthenes durch Hinwendung zum Volk, den Theten [3] und durch demokratische Reformvorschläge, die die politische Vorzugstellung der Aristokraten erschüttern sollten (vgl. Aristot. Pol. 1319 b 6 ff.), sich eine neue Machtbasis zu schaffen suchte. Gegen diese Reformen, die der Alkmaionide wohl bereits damals zu entwickeln begann, erhob sich gewaltige Opposition vonseiten der aristokratischen Kreise, eine Opposition, die Isagoras in seiner Person vereinigte und leitete. Zu seinen Anhängern gehörten wohl auch die reichen Bürgerfamilien, die mit der timokratischen Staatsordnung zufrieden, sich nicht den Unsicherheiten und Gefahren einer neuen Reform aussetzen wollten. Die noch zahlreiche Anhängerschaft der Peisistratiden endlich hatte wohl zunächst keine Veranlassung sich an Isagoras anzuschließen, aber bei dem heftigen Gegensatz zu Kleisthenes hat wohl auch diese Gruppe, die in Kleisthenes den größten Gegner einer Tyrannis sehen mußte, dem Isagoras in irgendeiner Form nahe, zum mindesten nicht entgegen gestanden [4]. Diese aus verschiedenen Kreisen zusammengesetzte, vornehmlich durch die Führerpersönlichkeit des Isa-

Karer sind auch in vorgeschichtlicher Zeit zu finden an der Küste Kleinasiens und auf den Inseln des ägäischen Meeres (Wilamowitz-Möllendorff, Glaube der Hellenen I, Berlin 1935, 55), zum Teil auch in Griechenland wie in Megara, dessen Burg den Namen Karia trug (Paus. 1, 40, 6). Es ist nun aber nicht sicher, ob der in Verbindung mit Isagoras genannte karische Zeus gleichzusetzen ist mit dem bei Hdt. an den anderen angezogenen Stellen genannten (J. Schäfer, De Jove apud Cares culto, Diss. Halle 1912, 360 u. 396 ff.). Die einzige begründete Vermutung ist, daß es sich bei Isagoras um den Angehörigen eines nichtattischen Geschlechts handelt. Die Möglichkeit, daß solche Geschlechter in Athen vorhanden und einflußreich waren, darf nicht bestritten werden, da sehr wohl Fremde im Laufe des 6. Jahrh. Aufnahme in Athen gefunden haben können (Hommel, RE 15, 1432), wenn auch die Nachricht Hdt. 5, 57, daß die beiden Tyrannenmörder Harmodios und Aristogeiton aus Phönikien eingewandert seien und von dort einen alten Kult mitgebracht haben (Hdt. 5, 61), nicht glaubwürdig erscheint (J. Toepfer, Att. Gen., Berlin 1889, 294 ff. u. W. Nimsch, Genealogie u. Familienherkunft bei d. ält. gr. Historikern, Diss. Leipzig 1923, 66). Auf die nichtattische Herkunft des Geschlechtes des Isagoras könnte in unserem Falle auch die Verbindung mit dorischen Geschlechtern hinweisen, wie sie in der Gastfreundschaft des Isagoras mit Kleomenes zum Ausdruck kommt (Hdt. 5, 70); solche Gastfreundschaften erbten sich in den Geschlechtern weiter vom Vater auf den Sohn (W. Haedicke, Die Gedanken d. Gr. über Familienherkunft u. Vererbung, Diss. Halle 1936, 17). Wichtig ist noch, daß Herodot eigens feststellt, daß er nicht imstande ist, die Ahnenreihe bzw. den Ahnherrn des Geschlechtes des Isagoras anzugeben; von einem alteingesessenen attischen Geschlecht hätte er dies sicher gekonnt. Über die Bedeutung der „Herkunftsfrage" s. Haedicke, a. a. O., 3 f.

[2] Vgl. G. Strohm, Demos und Monarch, Stuttgart 1922, 215 mit Recht gegen Beloch, GG 2, 2, 132.

[3] H. Berve, GG, 1, 226; W. Schwahn, RE 6 A, 200; J. Hasebroek, Gr. Wirtschafts- u. Gesellschaftsgeschichte, Tübingen 1931, 195; vgl. S. 46.

[4] Vgl. Aristot. A. P. 20, 1. S. auch H. Willrich, Perikles, Göttingen 1936, 28.

goras zusammengehaltene Gruppe kann man keineswegs als eine Partei mit festem Parteiprogramm bezeichnen[5]. Ebenso wenig darf man die Gefolgschaft des aristokratischen Führers als „Parteigenossen" des Isagoras bezeichnen[6]. Den Begriff „Partei" für die Gruppenbildungen in Athen hat, soweit ich sehe, zum erstenmal J. Rospatt in die Forschung gebracht[7]. Auch in der vorausliegenden Zeit des 6. Jahrh. fehlten für die Entstehung von Parteien die geistigen und die organisatorischen Voraussetzungen[8]. Man darf daher die unter Kleisthenes und Isagoras entbrennenden Kämpfe nicht als ein „Wiederaufleben des Parteikampfes" ansprechen[9]. Aristot. A. P. 20, 1 berichtet, Isagoras habe sich auf Hetairien gestützt. Wenn wir diese Nachricht nicht als eine bloße Einfügung des Aristot. betrachten wollen, hervorgegangen aus der Benützung des Herodot, der in diesem Zusammenhange von Kleisthenes sagt, daß er das Volk zu seiner Hetairie nahm (5, 66), so haben wir eine interessante Nachricht über das Vorhandensein von Hetairien um Isagoras[10]. Ihre Bedeutung im Zusammenhang der antidemokratischen Strömung erfordert bereits hier ein Eingehen auf ihre Entstehung und Entwicklung.

Das Wort ἑταῖρος bezeichnet gegen Ende des 5. Jahrh., besonders seit 411 und im 4. Jahrh. nicht mehr allgemein den politischen Gesinnungsgenossen, sondern bedeutet soviel wie Oligarch[11]. Unter ἑταιρίαι, den Zusammenschlüssen solcher Hetairoi, verstehen wir im allgemeinen politische Clubs, Koterien, Cliquen, in denen die antidemokratische Opposition sich betätigte. Ihr Charakter als Geheimklubs brachte es mit sich, daß wir über ihre Geschichte, Ausbildung, Organisation und Stärke nur dürftig unterrichtet sind[12]. Ihr Treiben wird uns deutlich sichtbar und

---

[5] Vgl. V. Ehrenberg, Ost und West, Prag 1935, 115.

[6] Gegen Busolt-Swoboda, Gr. Staatsk. 2, 869.

[7] J. Rospatt, Die politischen Parteien Griechenlands, Trier 1844.

[8] V. Ehrenberg, Neugründer des Staates, München 1925, 79.

[9] Wie es E. Ciccotti, Gr. Gesch., Stuttgart 1923, 88 tut.

[10] Aristot. hat zweifelsohne die Stelle bei Hdt. richtig verstanden. Für diesen war das Bestehen von Hetairien um einen aristokratischen Führer wie Isagoras nichts Außergewöhnliches. Demgegenüber aber konstatiert er als eine Besonderheit, daß Kleisthenes seine Gefolgschaft nicht mehr aus den Adeligen nimmt, sondern sich dem Volke zuwendet, das damit gewissermaßen als Ganzes zu seiner Hetairie wird. Hetairien im eigentlichen Sinne des Wortes werden wir demnach für Kleisthenes nicht annehmen dürfen, wohl aber für Isagoras.

[11] Den Anfang mit diesem Gebrauch macht Thuk. in der Schilderung der Revolution von 411. Bei Andokides „πρὸς ἑταίρους" sind ohne weiteres die Oligarchen gemeint. Bei Lysias ist dann der Gebrauch bereits fest.

[12] Ähnlich ist der Stand der modernen Literatur. Das älteste Werk über die Hetairien von Hüllmann, De Atheniensium συνωμωσίαις ἐπὶ δίκαις καὶ ἀρχαῖς, Programm Königsberg 1814, war mir nicht zugänglich. W. Vischer, Die olig. Partei u. die Het. in Athen, Basel 1836, abgedruckt in Kl. Schriften, hrg. von H. Gelzer, Leipzig 1877, bringt im allgemeinen nur eine Aufzählung der Hetairien und eine Erörterung über ihre Beziehungen zur aristokratischen Partei, ohne auf ihre Entstehungsgeschichte und Entwicklung einzugehen. In H. Büttner, Die Gesch. d. politischen Hetairien in Athen, Leipzig 1840, ist zwar viel von den führenden Männern, die Hetairien um sich hatten, aber wenig von diesen selbst die Rede. Von anderen mir zugänglich gewordenen Werken seien

faßbar erst gegen Ende des peloponnesischen Krieges. Die Vorgänge von 411 und am Ende des Krieges drückten ihnen den Stempel der oligarchischen Reaktion auf. In diesem Bilde sind sie uns überliefert. Wenn uns auch die Antike über Ursprung und Entwicklung der Hetairien keine unmittelbare Kunde gibt, müssen wir doch versuchen hier etwas tiefer zu dringen.

Vielleicht liegt der Ursprung der Hetairien letzten Endes in der Zeltgenossenschaft der indogermanischen Völker zur Zeit ihres Wanderlebens begründet, die dann später bei ihrem Seßhaftwerden sich zu den verschiedenen uns bekannten Männerbünden weiter bildete In Griechenland sind derartige Institutionen unter dem Namen Hetairiai in den verschiedensten Umwandlungen schon sehr früh bekannt und allgemein verbreitet [13]. Bei Homer bezeichnet Hetairos den Genossen, Freund, Kameraden [14] und wird für die Mitglieder des homerischen Adels gebraucht, die ungefähr der gleichen Altersstufe angehören, zueinander in Beziehung stehen und gemeinsame Mahlzeiten abhalten [15]. Hier sei gleich auf die Hetairoi des makedonischen Hofes verwiesen, die überraschende Ähnlichkeiten mit den Hetairoi bei Homer aufweisen. Denn auch dort wird der Adelige in seinem Verhältnis zu der Führerpersönlichkeit des Königs als Hetairos bezeichnet, der zur näheren Umgebung des Königs gehört, am Hofe des Herrschers bewirtet wird und auch politisch für seinen Herrn eintritt, besonders wenn er als Reiter ins Feld zieht [16]. Im makedonischen Königtum und Heere ist ein archaisches Verhältnis zwischen Führer und Gefolgschaft auch an anderen Erscheinungen nachzuweisen.

Die homerischen Hetairoi glauben wir in gewissem Sinne noch zu erkennen in der ersten uns geschichtlich bekannten Hetairie Athens, der des Kylon (Hdt. 5, 71; Thuk. 1, 126, 5). Denn auch diese Hetairoi waren Adelige, Altersgenossen Kylons. Aus den Zeitumständen ergab es sich von selbst, daß sie auch politisch für ihren Freund, der durch persönliche Fähigkeiten zu ihrem Führer wurde, eintraten. So wurden die

---

genannt: F. Scheibe, Die oligarchische Umwälzung in Athen, Leipzig 1841, 4 ff.; J. Beloch, Die attische Politik seit Perikles, Leipzig 1884, 12 ff.; L. Whibley, Political Parties at Athens, Cambridge 1889, 83 ff.; E. Ziebarth, Das griechische Vereinswesen, Leipzig 1896, 92 ff. Diese alle aber kommen über Vischers Buch nicht hinaus. Wertvoller sind die kurzen, aber gehaltreichen Ausführungen von Br. Keil, Griech. Staatsaltertümer (Gercke-Norden 3) 315 und E. Ziebarth in RE 8, 1373 f. Ein Amerikaner schließlich hat das maßgebende Werk über Hetairien geschrieben: G. M. Calhoun, Athenian clubs in politics and litigation, Chicago 1913. Er legt nicht nur das Wirken der Hetairien vor Gericht und in der Politik eingehend dar, sondern weiß auch über ihre Entstehung und Entwicklung neue Aufschlüsse zu geben. Wir legen seine Ausführungen im Folgenden zu Grunde.

[13] Vgl. Br. Keil, a. a. O. u. E. Ziebarth, a. a. O.

[14] Plaumann in RE 8, 1374 s. v. Hetairos.

[15] G. Finsler, Das homerische Königtum, NJhrb. 9, 1906, 314 ff. Man denke an das Verhältnis zwischen Patroklos und Achilleus.

[16] Vgl. dazu H. Berve, Das Alexanderreich auf prosopographischer Grundlage, München 1926, 1, 30 ff. u. 104 ff.; F. Geyer, Makedonien bis zur Thronbesteigung Philipps, Berlin 1930, 2, 89 f.; Plaumann in RE 8, 1374 ff. Anders F. Hampel, Der König der Makedonen, Diss. Leipzig 1934, 66 ff.

Hetairoi in den Kämpfen der Adelszeit die persönlich gebundene Gefolgschaft adeliger Führer; wir dürfen solche Hetairoi und Hetairiai annehmen um die Führer der drei Gruppen, die nach Solons Wirken um die Macht rangen, wie sich denn auch um Hippias dann das Vorhandensein von Hetairien zeigen läßt (Hdt. 6, 123; Aristoph. Lysistr. 1081). Einen antidemokratischen Charakter bekam eine solche persönlich gebundene Gefolgschaft eines aristokratischen Führers zum ersten Male unter Isagoras, wie der Fortgang der Untersuchung zeigen wird [17]. Aber ebenso konnte natürlich ein nach Macht strebender Adeliger, der demokratische Tendenzen vertrat, Hetairoi, Hetairiai um sich sammeln, um seine Macht zu stärken, und tatsächlich haben auch Themistokles und Perikles Hetairien um sich.

Da nun aber solche Gefolgschaften von den aristokratischen Politikern bevorzugt wurden und die aristokratische Politik, wie sich noch zeigen wird, in den Bahnen einer antidemokratischen Tendenz verläuft, so war die Folge, daß die Hetairien immer mehr den Charakter einer Opposition gegen die Demokratie erhielten. In dieser Bedeutung werden sie uns noch öfter begegnen. Da sich ihre politische Betätigung vorzugsweise auf dem Gebiete der Ämterbewerbung (vgl. Isagoras, unten) und des Gerichtswesens abspielte, nennt sie Thukydides 8, 54 *ξυνωμωσίαι ἐπὶ δίκαις καὶ ἀρχαῖς*, wobei *ξυνωμωσίαι* Synonym zu *ἑταιρίαι* ist, ohne daß daraus, wie es Calhoun 34 tut, mit Notwendigkeit geschlossen werden muß, daß alle Hetairiai, die dauernde politische Einflußnahme erstreben, durch Vereidigung entstanden und zusammengehalten wurden [18] Nicht zu vergessen ist bei all diesen verschiedenen Formen der Hetairiai die Grundbedeutung eines Verhältnisses zwischen Gefolgsmannen und Gefolgschaftsführer, wie es das Wort Hetairos selbst nahelegt.

Durch diese Hetairien — wir können nun sagen, durch diese gute Verbindung zwischen Führer und Gefolgschaft — bekam die Gruppe des Isagoras eine gewisse Geschlossenheit der Form und Schlagkraft. Die Folge war, daß Isagoras 508/07 zum Archon Eponymos gewählt wurde (Mar. Par. 46. Dionys. Hal. 1, 74 u. ö.). Diese Wahl zum ersten Beamten des Staates bedeutet in den innerpolitischen Auseinandersetzungen das äußere Merkmal für die Überlegenheit der Gruppe, deren Reihen der gewählte Archon angehört. Gewöhnlich ist es der Führer der betreffenden Gruppe selbst [19]. Bei Isagoras ist deutlich, daß es nicht das Amt war,

---

[17] F. Ollier, Le Mirage Spartiate, Paris 1933, 165 urteilt in Bausch und Bogen, wenn er, ohne auf die Entstehungsgeschichte der Hetairien einzugehen, diese nur zur Verteidigung der Güter und Rechte der Aristokraten entstehen läßt und ihnen hochverräterische Tendenz beimißt (175).

[18] Vgl. Seidl, RE IV A, 1445 f. Daß auch gesellige Züge nicht fehlten, hat Calhoun, a. a. O., 24 ff. dargelegt.

[19] Vgl. U. Kahrstedt, Unters. z. Magistratur in Athen, Stuttgart-Berlin 1936, 25, 5. Die athenischen Archontenlisten, zusammengestellt von J. Kirchner, Pros. Att., 1903, 2, 631 ff. u. von Schoeffer, RE 2, 582 ff. vermögen uns über Gruppenbildungen und Familienzusammenhänge nicht den Einblick zu gewähren wie die entsprechenden fasti consulares in Rom; vgl. F. Münzer, Römische Adelsparteien und Adelsfamilien, Stuttgart 1920, Einleitung. Aber ganz ohne Bedeutung sind sie nicht. Außer auf Isagoras sei noch hingewiesen auf Themistokles (493/92), Phainippos (490) und Aristeides (489/88).

kraft dessen er nun den Staat führend leitete, sondern daß ihm infolge des überragenden Einflusses, den er auf Grund seiner persönlichen Tüchtigkeit und einer starken Gefolgschaft auf die Führung des Staates ausübte, das Amt übertragen wurde. Dieser Vorgang ist für die fürstlichen Herrn dieses Zeitraums bezeichnend [20].

Entstehung einer antidemokratischen Front im Adel

Ausgang des Isagoras

In seiner Unterlegenheit vollzog Kleisthenes die völlige Hinwendung zum Volk. Aus persönlich-politischem Ehrgeiz schuf er seine Phylenordnung, um sich gegen seine Gegner eine maßgebende Macht zu verschaffen. Das sagt Hdt. 5, 69 deutlich [21]. Gerade diesen Bericht aber findet Oncken fehlerhaft [22]. In dem Denken seiner Zeit, das alle innerpolitischen Auseinandersetzungen als Kämpfe um Verfassungsbestimmungen zu betrachten liebte, befangen, kann er es nicht verstehen, daß „die staatliche Umbildung durch Kleisthenes als ein Mittel bezeichnet wird, wodurch ein Parteiführer über seinen Nebenbuhler den Sieg davonträgt". Wie erwünscht mußte bei solchen in der Wissenschaft vorhandenen Tendenzen die Auffindung der verfassungsgeschichtlich orientierten A. P. des Aristoteles sein! Unbefangen betrachtet verdient jedoch der lebensnahe Bericht des jonischen Geschichtsschreibers, der diesen Vorgängen zeitlich noch verhältnismäßig nahestand, unbedingt den Vorzug gegenüber der nüchternen, aus der Ferne gesehenen Darstellung des Systematikers, dem diese Zeit einfach als die 5. Metabolé unter den von ihm konstruierten 11 Verfassungsänderungen erscheint (A. P. 41) [23]. Mit Recht stützt sich daher die sich immer mehr von der einseitigen verfassungsgeschichtlichen Betrachtungsweise des vergangenen Jahrh. frei machende moderne Forschung in der Beurteilung der athenischen Geschichte wesentlich auf Herodot [24].

Die Phylenordnung des Kleisthenes war also in erster Linie ein Kampfmittel, um die gentilizisch-territorialen Bindungen, auf denen die

---

[20] H. Berve, Antike 12, 1936, 13.

[21] Isagoras hat also aus eigener Kraft das Archontat errungen, nicht erst durch die militärische Unterstützung des Kleomenes. Gegen Berve, GG, 1, 229.

[22] W. Oncken, Die Staatslehre des Aristoteles, Leipzig 1875, 2, 455.

[23] An unserer Stelle ist, da Aristoteles Herodot als Vorlage hatte, der Unterschied nicht so groß, aber deutlich genug, um zu zeigen, wie sehr Aristoteles in seiner A. P., die mit Bewußtsein verfassungsgeschichtlich angelegt ist, die tatsächlich wirkenden und bestimmenden Kräfte des politischen Lebens vernachlässigt. Vgl. H. Berve, Antike 12, 1936, 1 f. u. ders., Miltiades (Hermes Einzelschr. 2), 1937, Vorwort.

[24] Ganz in unserem Sinne urteilen über das Vorgehen des Kleisthenes H. Berve, Antike 12, 1936, 10 und H. Bogner, Die verwirklichte Demokratie, Berlin 1930, 54, während Schmidt-Stählin, Gesch. d. gr. Lit. 2, 1 München 1924, 30 und V. Ehrenberg, Ost und West, 115 eine gewisse Mittelstellung einnehmen. Vgl. auch Ehrenberg, Neugründer des Staates, 87 f.

Vormachtstellung des Adels im Staate beruhte, zu zerreißen [25]. Kleisthenes hatte nicht nur Isagoras allein treffen wollen, sondern sämtliche Adelsgeschlechter und Adelsgefolgschaften [26], um mit einem Schlage deren Einflußsphäre zu verringern und seine Position zu stärken. Bis auf diese Zeit war wohl auch schon das Volk in die Auseinandersetzungen der Adelsgeschlechter hinein gezogen gewesen, aber noch nie war der demokratische Gedanke als Kampfmittel von einem adeligen, nach Macht strebenden Herrenmenschen in dieser Weise in die politische Wagschale geworfen worden. Ganz natürlich, daß diese demokratischen Tendenzen eine aristokratische Frontbildung zur Folge hatten. Die aristokratischen Kreise, deren politische Vormachtstellung in Frage gestellt wurde, schlossen sich an Isagoras, den persönlichen Gegner des Kleisthenes, an. So vereinigte sich in Isagoras die politische Willensrichtung des Großteils der Aristokraten mit dem persönlichen Machtstreben eines Gefolgschaftsführers. So entstand eine aristokratische Front, eine aristokratische Richtung der Politik. Ihr Merkmal ist die antidemokratische Einstellung. Damit erhielten auch die Hetairien zum erstenmal antidemokratischen Charakter. Mit der Bezeichnung antidemokratisch soll nicht gesagt sein, daß es sich um einen reinen Verfassungskampf handelte. Es muß festgehalten werden, daß es grundsätzlich um Auseinandersetzungen zwischen zwei fürstlichen Einzelpersönlichkeiten im Kampfe um die Macht ging. Nur durch den Umstand, daß der Alkmaionide in seinem Machtstreben das demokratische Prinzip als Kampfmittel besonders betonte, erhielt der Ausgang des Kampfes auch Bedeutung für die Verfassungsgeschichte. Für einen ausgesprochenen Verfassungskampf waren auch die Fronten und die Ziele der beiden Gruppen noch zu wenig geklärt, am wenigsten bei der antidemokratischen Gruppe. Das zeigt der Fortgang der Ereignisse.

Isagoras, der mit allen Mitteln seine bedrohte Machtstellung zu halten suchte, wußte durch die Hilfe Spartas seinen Gegner zum Abzug aus der Stadt zu zwingen. Dieses Zusammengehen und Sympathisieren mit Sparta bleibt ein Merkmal der aristokratischen Opposition. Bei Isagoras ergab es sich aus der persönlichen Verbindung, die er mit König Kleomenes von Sparta hatte (Hdt. 5, 70), und aus der Tatsache, daß Sparta an der Wende des 6. Jahrh. noch als unbestrittene Führermacht in Griechenland und als Hüterin der altheiligen aristokratischen Ordnung des Staates galt, die sich für berechtigt hielt in die Verfassung anderer Staaten ordnend einzugreifen [27]. Für Isagoras handelte es sich jedoch nicht um eine Verfassungsfrage, wie vielleicht für Kleomenes, son-

---

[25] Vgl. Aristot. Pol. 6, 1319 b 25; dazu A. Diller, Race Mixture among the Greeks before Alexander, Illinois Studies in Lanquague and Literature 20, 1937, number 1/2, 89.

[26] E. Meyer-Stier, Gesch. d. Alt., Stuttgart 1937, 3 [2], 783; Berve, GG, 1, 227 u. Ehrenberg, Neugr. d. St., 90. Dazu H. Berve, Besprechung von Ehrenberg, Neugr. d. St. in Gnomon 1, 1925, 316.

[27] Thuk. 1, 18, 1. 1, 19. Vgl. Berve, GG 1, 195 ff. u. ders., Sparta (Meyers kl. Handb. 7), 1937, 60 ff. u. H. Schaefer, Staatsform u. Politik, Leipzig 1932, 146 ff. u. 251 ff.

dern einfach darum, seinen politischen Widersacher aus dem Felde zu schlagen. Dazu ließ er über das Geschlecht der Alkmaioniden die Verbannung aussprechen wegen des kylonischen Frevels (Hdt. 5, 70). Und da hinter dieser Drohung der bewaffnete Arm Spartas stand (Hdt. 5, 72), räumte Kleisthenes das Feld. Aus den Maßnahmen, die die beiden aristokratischen Männer dann zusammen trafen, gewinnen wir Einblick in die Pläne und Ziele des Isagoras. Zunächst wurden 700 Familien, die Anhänger des Kleisthenes waren, aus der Stadt vertrieben und so die Bahn frei gemacht für das Weitere. Dann sollte die *βουλή* aufgelöst [28] und die ganze Regierungsgewalt an ein Kollegium von 300 Männern, deren Bestellung unklar ist, übertragen werden. An der Spitze dieses Kollegiums sollte Isagoras stehen (Hdt. 5, 72. Aristot. A. P. 20, 3). Das bedeutet Einführung einer Oligarchie. Es mag ein Zugeständnis an die Aristokraten gewesen sein, die vor allem die Gefolgschaft des Isagoras bildeten. Denn diese hofften auf Herstellung eines Adelsregiments alten Stils. Denselben Wunsch hatte Sparta und sein König Kleomenes. Doch ein neu hinzutretendes Moment darf nicht außer acht gelassen werden. Isagoras verkörpert den Typus des nach Herrschaft strebenden fürstlichen Herrn.

B l u t, V e r m ö g e n und B i l d u n g sind die drei Wertungen, die wir für solche Männer annehmen müssen [29]. Blut — das bedeutet Abstammung von einem vornehmen adeligen Geschlecht, was Hdt. 5, 66 von Isagoras berichtet, und womöglich eine große, berühmte Ahnenreihe, deren Unkenntnis Hdt. 5, 66 bei Isagoras eigens glaubt feststellen zu müssen; dazu gehört Familienrückhalt und gehören einflußreiche auswärtige Verbindungen (Kleomenes!). Vermögen — dazu gehören ererbter Besitz, auch reiche Geldmittel, eine so notwendige Voraussetzung für jeden nach Macht strebenden Aristokraten, daß Hdt. deren Vorhandensein bei Isagoras nicht eigens zu erwähnen brauchte [30]. Bildung — darin sind all die Persönlichkeitswerte eingeschlossen, die einen Mann letzten Endes zum Führer im innerpolitischen Leben machen und die wir bei Isagoras als Gefolgschaftsführer voraussetzen müssen. Diese Werte waren dem Adel aller griechischen Stämme und Städte gleich [31]. Daher kamen

---

[28] Ob es sich noch um den solonischen Rat oder den bereits von Kleisthenes erweiterten Rat handelt, ist bei der Unsicherheit der zeitlichen Ansetzung der Reformen nicht zu klären; s. Kroll, RE 9, 250. Der starke Zusammenhang, den der Rat bei der Leistung des Widerstandes gegen die Reaktion zusammen mit dem Volke zeigte (Hdt. 5, 72), läßt vermuten, daß es sich bereits um den Rat des Kleisthenes handelte. Vgl. A. Ledl, Stud. z. ält. athen. Verf. Gesch., Heidelberg 1914, 278 ff.; Berve, GG 1, 227.

[29] Plut. Per. 7. Vgl. Aristot. Pol. 1294 a 21. S. auch D. Loenen, De nobilitate apud Athenienses, Mnemosyne, Nova Series 54, 1926, 206 ff. mit Quellenangaben.

[30] S. auch N. Ure, The Origin of Tyranny, Cambridge 1922, 304. Ererbter Besitz und nicht durch Erwerbsarbeit gewonnenes Vermögen war das Kennzeichen des aristokratischen Mannes. Vgl. J. Brake, Wirtschaften und Charakter in der antiken Bildung, Diss. Göttingen 1935, 34 ff., 64 ff. und 78 ff. Auch W. Haedicke, a. a. O., 27.

[31] Vgl. E. Bethe, Ahnenbild u. Familiengeschichte bei Griechen u. Römern, München 1935, 78 f.

auch die engen Beziehungen der Adelsgeschlechter von Polis zu Polis. Zum Glücksideal des Aristokraten gehörte „ein auswärtiger Gastfreund“ (Solon fr. 13). Diese Gastfreundschaften wurden von Geschlecht zu Geschlecht weiter vererbt.

Der im Besitz dieser aristokratischen Werte befindliche Isagoras war gewiß mit der Rolle eines Vorkämpfers für die Interessen seiner Standesgenossen nicht zufrieden. Das läßt sich schon aus der Tatsache, daß er sich an die Spitze des neuen Kollegiums stellte, vermuten. Wir wissen allerdings nicht, in welcher Richtung er seinen Machtwillen weiter betätigen wollte. Vielleicht gedachte er das Erbe der Tyrannis anzutreten. Sicher ist nur, daß er nicht vorwärts orientiert war, sondern rückwärts. Er vermochte es nicht, eine Synthese zwischen seinem und seiner Standesgenossen Machtwillen und den langsam aufsteigenden Kräften des athenischen Volksstaates zu finden. Der Alkmaionide bewies hier besseren politischen Instinkt. Er wies einen neuen Weg, auf dem einzelne Adelige und Adelsgeschlechter ihre politische Vormachtstellung, die sie auf Grund ihrer Tradition und ihrer Fähigkeiten verlangten, auch weiterhin behaupten konnten. Isagoras aber suchte sich mit Gewalt eine Führerstellung zu erwerben und zu erhalten. Das von Natur aus gesund denkende athenische Volk empfand dies und leistete allenthalben Widerstand. Isagoras und Kleomenes besetzten hierauf die Burg. Das aber war das drohende Zeichen einer Gewaltherrschaft (Kylon! Peisistratos!). Es gab den letzten Ausschlag zur Empörung. Kleomenes und Isagoras wurden auf der Burg samt ihren Anhängern eingeschlossen, zwei Tage belagert und dann vertrieben (Hdt. 5, 72). Ein weiterer Versuch der beiden Männer mit Waffengewalt in Athen Einfluß zu gewinnen, zerschlug sich (Hdt. 5, 74 f.).

Nach Schol. Aristoph. Lysistr. 273 und Hdt. 5, 72 wurden die Anhänger des Isagoras bei dessen Vertreibung in Banden gelegt und hingerichtet. Ein moderner Rassenforscher [32] bezeichnet dies als innerpolitische Ausmerzung des nordischen Bestandteils der attischen Bevölkerung, wie dies noch öfter vorkam. Die Verurteilten aber waren Antidemokraten; danach wäre die antidemokratischee Bewegung unseres Zeitraums vorwiegend vom nordischen Adel getragen gewesen. Wir werden davon noch zu sprechen haben.

Das Beispiel des Isagoras hatte gezeigt, daß die Gewaltpolitik eines dynastischen Herrenmenschen gegen die demokratische Entwicklung, die fortan vor allem mit dem Machtstreben der Alkmaioniden verbunden blieb, zum Scheitern verurteilt war. Die großen politischen Führergestalten der Folgezeit, welche die antidemokratische Richtung der Politik vertreten, werden damit auf andere Bahnen gewiesen.

---

[32] Hans F. K. Günther, Rassengesch. d. hell. u. d. röm. Volkes, München 1929, 42 u. 48.

II. MILTIADES

Neubildung einer antidemokratischen Front

Kleisthenes fand nach seiner Rückkehr keinen geschlossenen Widerstand mehr gegen die Durchführung seiner Reformen (Aristot. A. P. 28, 2). Nach der ganzen Lage der Verhältnisse sind wird jedoch berechtigt anzunehmen, daß der Widerstand der Adelsgeschlechter gegen die Person des Alkmaioniden und seine demokratischen Reformen nicht verschwunden war. Die Gegnerschaft konnte sich nur nicht offen zeigen und auswirken. Es fehlen daher auch Nachrichten über eine Opposition aus dieser Zeit. Ebenso wenig ist uns über die Stellungnahme des Hipparch, des in dieser Zeit mächtig gewordenen Führers (496/95 Archon!) einer den Peisistratiden freundlich gesinnten Gruppe zu den Reformen des Kleisthenes bekannt. Die innerpolitische Situation Athens in den Jahren nach der Jahrhundertwende ist wegen der mißlichen Quellenlage in der modernen Forschung sehr umstritten. Es ist nicht dieses Orts zu den verschiedenen von der Forschung vorgebrachten Hypothesen Stellung zu nehmen [33]. Für unsere Aufgabe verdient nur festgehalten zu werden, daß es bei dem Fehlen eines überragenden aristokratischen Führers zunächst eine aristokratische Richtung der Politik nicht gab.

Wie aber unter Isagoras zum erstenmale der demokratenfeindliche Charakter der aristokratischen Politik als Gegenwirkung gegen demokratische Tendenzen und Reformen hervorgetreten war, so rief auch jetzt eine neue demokratische Zielsetzung die aristokratische Politik wieder zum Kampfe auf. Diese war in dem Flottenbauprogramm des Themistokles enthalten. Die aristokratischen Kreise waren sich der Zusammenhänge zwischen Ausbau der Flotte und Ausbau der Demokratie wohl bewußt. Fragen der Heeresverfassung sind im Altertum stets zugleich Fragen der Staatsverfassung.

Im militärischen Aufbau Athens war die Flotte so unbedeutend, daß die Stadt im Kampfe gegen ihre kleine Nachbarin Aigina im Frühjahr 490 Schiffe von Korinth entlehnen mußte (Hdt. 6, 89). Das militärische Schwergewicht des Staates lag fast ausschließlich auf der Landmacht. Das Hoplitenheer verkörperte die Wehrmacht des Staates. Gegenüber dieser schweren Infanterie, der „Königin der Schlachten", spielte die Kavallerie eine geringe Rolle, zumal sie im wesentlichen nichts anderes war als die Hoplitenwaffe zu Pferde. Die Aufstellung des Hoplitenheeres geschah nicht nach dem Grundsatz der allgemeinen Wehrpflicht. Diese erstreckte sich nur auf die ersten drei solonischen Vermögensklassen. Es ist die Eigentümlichkeit der athenischen Heeresverfassung, daß die Pflicht der Ausrüstung zum Kriege jedem einzelnen Bürger für seine Person übertragen war. Der Hoplit mußte also aus eigenen Mitteln sich seine Waffenrüstung verschaffen, für ihre Instandhaltung sorgen und lernen sie zu gebrauchen. Diese Panoplie war eine sehr kostspielige Sache. Im Felde brauchte der Hoplit schließlich, wenn er nicht Hunger

---

[33] S. z. B. Walker, CAH 4, 167 ff. u. Munro, ebd. 230 ff.

leiden oder sich rechtzeitig „an die Front" bringen wollte, noch einen Mann als Waffen- oder Provianträger. Diese Lasten des wehrhaften Mannes konnte nur der begüterte Blutadel und Besitzadel (Pentakosiomedimnen und Hippeis) und der wohlhabende Bürger- und Bauernstand (Zeugiten) tragen. Der Stand der Arbeiter, Gewerbetreibenden usw. (Theten) war dazu außerstande [34]. Nur im Notfall wurden die Theten zum Hilfsdienst oder als leichte Truppe verwendet. Den Pflichten der wehrfähigen und wehrhaften Bürger entsprachen auch Rechte. Die Phalanx der Hopliten verkörperte die Front der politisch vollberechtigten Bürger. Das war seit langem so (s. Aristot. A. P. 4, 2) und entsprach ganz aristokratischem Denken. Hatten auch die Theten seit der Zeit Solons das Wahlrecht und das gleiche Stimmrecht in der Volksversammlung (Aristot. A. P. 7, 3), zu maßgebendem Einfluß kamen sie dort nicht und die Berechtigung Ämter zu bekleiden war ihnen aberkannt. Das blieb ein Vorrecht der die Wehrmacht des Staates tragenden Kreise.

Diese Wehrmacht drohte nun aber einer eingreifenden Umwandlung zu erliegen, die umso einschneidender erschien, als sie auch eine Umwandlung des innerpolitischen Lebens mit sich bringen mußte. Themistokles, der „von wildem Ehrgeiz geschüttelte" Lykomide, vertrat, wohl besonders nach seiner Wahl zum Archon 493/92 [35], ein Flottenbauprogramm, das Athen zur Großmacht zur See erheben und vor allem ihm selbst als dem Schöpfer dieser Großmacht eine überragende Machtstellung bringen sollte. Um dieser Ziele willen nahm er alle Konsequenzen, die sich aus seinem Projekt ergaben, in Kauf. Diese Folgerungen waren leicht zu übersehen. Zur Bemannung der Flotte mußte der zum Kriegsdienst noch nicht verwendete Teil der Bürgerschaft herangezogen werden, d. h. die Theten [36]. Das kam in gewissem Sinne der Einführung der allgemeinen Wehrpflicht gleich. Auch die Theten wurden nun aktive Träger der Wehrmacht und des Gemeinwesens. Gleichheit der Pflichten— besonders auf militärischem Gebiet — zog nach antiker Anschauung Gleichheit der Rechte nach sich. Die Theten, der Demos nach aristokratischer Anschauung und Bezeichnung (ausführlich S. 46) mußten, sobald sie sich einmal ihrer Bedeutung für die Verteidigung und Sicherheit des Staates bewußt wurden, in erwachtem politischem Ehrgeiz mit Grund dieselben Rechte verlangen, die die übrigen Bürger auf Grund ihres Waffendienstes bereits hatten. Die Anerkennung der politischen Gleichberechtigung der Theten konnte dann nur eine Frage der Zeit sein. Das alles aber bedeutete Bedrohung der Prärogative der drei oberen Klassen, bedeutete langsame, aber sichere Demokratisierung. Das Altertum, besonders seine philosophischen Köpfe, hat dies übereinstimmend und klar erkannt und den Lykomiden, den Schöpfer der attischen See-

[34] Vgl. J. Hasebroek, Gr. Wirtschafts- u. Gesellschaftsgeschichte, Tübingen 1931, 158 ff., bes. 161. W. Schwahn, RE 6 A, 186 ff., 202 f.

[35] Gewiß hat Themistokles seine Pläne vor der Wahl zum Archon entwickelt (U. Kahrstedt, RE 5 A, 1687), aber nach seiner Wahl drängte er sicherlich erst recht auf die Durchführung seiner Pläne. Vgl. Berve, GG 1, 230 f.

[36] Vgl. A. M. C. Shepard, Sea Power in Ancient History, London 1925, 20.

macht, als den eigentlichen Begründer der Demokratie bezeichnet[37]. Auch die Moderne urteilt hier fast einheitlich in gleichem Sinne[38]. Diese Anschauung eines Zusammenhangs zwischen Seemacht und Demokratie, die im Altertum immer wiederkehrt, dürfen wir ohne Bedenken auch den aristokratischen Kreisen zuschreiben, die sich persönlich für oder gegen den Plan des Themistokles entscheiden mußten, auch wenn uns von ihren Gedankengängen keine unmittelbare Kunde geworden ist.

Die Befürchtung einer Demokratisierung des Staates war nicht das einzige Moment, das gegen des Lykomiden Planen sprach. Sollte der Weg Athens wirklich auf der von Themistokles gewiesenen Bahn verlaufen, so drohte auch Gefahr der alten Zucht und Sitte und der Beschaffenheit der Bürger[39]; drohte Gefahr der Stadt Athen, die dann vielleicht zur Altstadt herabsinken und gegenüber der neuen Hafenstadt, dem Piräus, nur als Stätte religiöser Gebräuche Bedeutung behalten würde[40]. Und wie sollten schließlich die Theten ihren Dienst auf der Flotte versehen können, da sie doch auf ihren Tageserwerb angewiesen waren? Wer sollte die gewaltigen Kosten für den Bau und die Instandhaltung der Flotte tragen?[41]. Nehmen wir noch hinzu, daß kaum mehr als ein Jahrzehnt zuvor durch die kleisthenische Neuordnung eine Umorganisation des Heerwesens vorgenommen worden war, so dürfen wir mit Sicherheit schließen, daß die adelige und grundbesitzende Gesellschaft sich gegen das Flottenbauprogramm des Themistokles wandte.

Ihre Opposition führte von selbst zur Bildung einer antidemokratischen Front. Es muß dabei aber festgehalten werden, daß diese antidemokratische Front sich nicht auf Grund prinzipieller Erwägungen bildete. Es wurde kein Programm aufgestellt und danach Anhänger geworben. Man debattierte nicht über Verfassungsfragen. Das Primäre bei Themistokles und seinen Plänen war die Schaffung einer persönlichen Machtstellung. Das Primäre bei der Bildung der antidemokratischen Front war die Erhaltung der eigenen bevorrechteten Stellung. Die Auswirkungen dieser Front kennen wir nicht. Ihre Zielsetzung aber ist uns klar: Wahrung der agrarischen Fundierung des Gemeinwesens, Basierung der Wehrmacht und Wehrkraft auf die grundbesitzenden Schichten, Erhaltung der Bedeutung des Hoplitenheeres. Es fehlte aber noch der Führer, der dieses Wollen in die Tat umgesetzt hätte.

---

[37] Es sei hingewiesen auf Thuk. 1, 93; Plato Gorgias 518 e/519 a. leg. 707 c u. ö.; Aristot. Pol. 2, 1274 a 12. 5, 1304 a 21 u. ö.; ders. A. P. 27, 1; Isokr. Panath. (12) 114 ff. u. ö.; Plut. Themist. 4. 19. Arist. 22.

[38] Anders Beloch, GG 2, 2, 134 ff. u. ihm folgend A. Rosenberg, Hermes 53, 1918, 312.

[39] Vgl. Plato leg. 4, 704 d; Aristot. Pol. 7, 1327 a 11 ff.; J. Vogt, Vergangenheit u. Gegenwart 25, 1935, 655; Ollier, Le Mir. Spart. 44; Shepard, a. a. O., 214 f.

[40] Vgl. Plut. Themist. 4. 19; Aristoph. Equit. 815; E. Curtius, Die Stadtgeschichte von Athen, Berlin 1891, 103.

[41] Das Programm des Themistokles könnte man umreißen mit dem modernen Wort: „Unsere Zukunft liegt auf dem Wasser“. Vergegenwärtigen wir uns, wie vielfältig auch in unserem Vaterlange die Widerstände gegen eine See machtspolitik waren, so rückt uns die Situation in Athen näher.

Die Bildung einer solchen antidemokratischen Front auch ohne einen Führer, der ihre Bestrebungen in seiner Person vereinigt hätte, erscheint wahrscheinlich und möglich, wenn wir bedenken, daß die aristokratischen Geschlechter durch verschiedene Faktoren sich als eine politische Einheit fühlen konnten und mußten.

Die aristokratischen Verbände, Phylen und Phratrien, durch des Kleisthenes Reform zwar ihrer direkten politischen Bedeutung beraubt, waren in kultischer Beziehung bestehen geblieben. Dies hielt das Bewußtsein der Zusammengehörigkeit wach und aus diesem Zusammengehörigkeitsgefühl konnte sich leicht politische Einigung ergeben. Neben der Einheit der Kulte, besonders der Kulte des *'Απόλλων Πατρῷος* und des *Ζεύς 'Ερκεῖος*, betonte die Gemeinsamkeit des Blutes, der vornehmen Abstammung in ganz besonderem Maße die Einheit und Geschlossenheit der aristokratischen Gesellschaft. Die sorgfältige Pflege der genealogischen Tradition verband die Geschlechter stets auch in Zeiten politischer Bedeutungslosigkeit [42]. Nicht ausgeschlossen ist es, daß dieses Zusammengehörigkeitsgefühl seine tiefste Erklärung findet in dem diesen Kreisen vorwiegend eigenen nordischen Blute [43].

Außerdem fühlte sich der Aristokrat nach Blut, Vermögen und Bildung als der geborene Politiker [44]. Politische Erbweisheit nahm er in vollem Maße für sich in Anspruch [45], und nur ihm war es bei dem gewöhnlich vorhandenen Reichtum möglich, sich dauernd im politischen Leben zu betätigen. Und dem politischen Ehrgeiz der Aristokraten kam die Eigenart der athenischen Magistratur entgegen. Der adelige Politiker konnte bei dem Fehlen jeglicher Rangfolge der Ämter, ohne einen cursus honorum, wie etwa in Rom durchlaufen zu müssen, sofort das höchste, politisch wertvollste Amt bekleiden [46]. Diese Oberämter standen meist nur dem Adel offen, nicht zuletzt wegen des Reichtums, über den diese Kreise verfügten. Es sei nur erinnert an die neun Oberbeamten, die Archonten, und an das Amt des Schatzmeisters der Göttin, welche alle der ersten Klasse vorbehalten waren [47]; an die

---

[42] Vgl. Berve, GG 1, 90. 192. 196. 320 u. M. Nimsch, Genealogie u. Familientradition bei den älteren griech. Historikern, Diss. Leipzig 1923, 32.

[43] worauf H. F. K. Günther, Rassengesch. d. hell. u. d. röm. Volkes, 43 aufmerksam macht.

[44] Vgl. Aristot. Pol. 5, 1301 b 3 u. W. Oncken, Die Staatslehre d. Aristot., 2, 236.

[45] Vgl. W. Haedicke, a. a. O., 13, 16 ff.

[46] Vgl. U. Kahrstedt, Untersuch. zur Magistratur in Athen, Stuttgart 1936, 4 ff.

[47] Aristot. A. P. 7, 3. 8, 1. 26, 2. 47, 1. Dazu U. Kahrstedt, Staatsgeb. u. Staatsang. in Athen, 56 f. u. ders., Unters. z. Magistr. in Athen, 20. Daß praktisch auch arme Leute Tamiai geworden und in alle Beamtenstellen eingedrungen sind, wie Kahrstedt an letzter Stelle sagt, trifft ganz gewiß für unsere Zeit nicht zu. Es mag später, nachdem die Beamtenbefähigung der Theten sehr erweitert worden war, in einzelnen Fällen so gewesen sein, obwohl z. B. für die Besetzung der ταμίαι τῆς 'Αθηνᾶς das Gesetz Solons noch zu Zeiten des Aristoteles bestand (A. P. 47, 1). Es gilt hier wie überall, daß Menschen stets mächtiger sind als Gesetze. Die Berufung Kahrstedts auf Pseudo-Xenophon 1, 2 erscheint verfehlt, denn dort heißt es wohl, daß „jeder Beamter werden könne", aber nicht, daß jeder auch jedes Amt bekleiden könne (1, 3).

militärischen Ämter, die gewöhnlich nur Adelige zu bekleiden pflegten [48], an den Areopag, der in seiner Zusammensetzung und Kompetenz als Institution rein aristokratischer Art erscheint und der aristokratischen Politik Kontinuität und Geschlossenheit, den aristokratischen Führern festen Rückhalt gegeben haben muß (vgl. Aristot. A. P. 23). Dies sind Faktoren, die wir in der Folgezeit überall annehmen dürfen, ohne daß wir imstande sind, ihr Wirken in jedem einzelnen Falle deutlich aufzuzeigen. Hierher gehört auch die stets aufrechterhaltene enge Verbindung des Adels mit den Staatskulten, die den einzelnen Geschlechtern und dem Adel insgesamt eine gehobene gesellschaftliche Stellung verlieh, was bei der engen Verbindung des politischen Lebens mit dem religiösen immer wieder Grundlage und Ausgangspunkt zu politischem Einfluß und führender politischer Betätigung bilden konnte [49].

So war der Adel nach wie vor maßgebend im politischen Leben vertreten; war auch das Gesicht des Staates demokratisch, das Denken der Staatsbürger ist entscheidend. Und Athen hat die Gesinnung des Adelsstaates nie verloren [50], wie sich an manchen Erscheinungen zeigt. Das junge demokratische Athen hatte das aristokratische Streben nach Tradition. So wurden die Phylen des Kleisthenes nach Heroen benannt (Aristot. A. P. 21); der Ursprung der Demokratie wurde auf den Heros Theseus zurückgeführt (s. Anm. 107); ja selbst in der Namengebung des einzelnen Bürgers setzte sich aristokratisches Denken durch. Nach der Reform des Kleisthenes sollte das Demotikon das Kennzeichen des Bürgers bilden (Aristot. A. P. 21, 4). Doch die Adeligen hielten stolz an ihrem Vaternamen fest und auch die übrigen Schichten der Bürgerschaft übernahmen großenteils diese gentilizische Sitte der Namengebung [51]. Eine öffentliche Anerkennung endlich der aristokratischen Vorzugsstellung war es, wenn das athenische Volk an den großen staatlichen Festen vor allem den Glanz und den Reichtum seiner aristokraschen Geschlechter zu sehen liebte [52].

[48] Vgl. Kromayer-Veith, Heerwesen und Kriegführung d. Gr. und Römer, München 1928, 45. 55; R. J. Bonner, Aspects of Athenian Democracy, Berkeley 1933, 19 ff. u. M. Rostovtzeff, A History of the Ancient World, Oxford 1926, 1, 271.

[49] Vgl. U. Kahrstedt, Staatsg. u. Staatsang. in Athen, 264 ff. Besonders sei hier auf das dem eleusinischen Priesteradel angehörige Geschlecht der Keryken hingewiesen, von dessen politischer Tätigkeit wir noch hören werden. S. auch L. Deubner, Attische Feste, Berlin 1932, 71; S. Solders, Die außerstädtischen Kulte u. d. Einigung Attikas, Lund 1931 u. E. Kornemann, Staaten, Völker, Männer, Leipzig 1934, 30 ff. Auch andere Geschlechter hatten durch die Verbindung mit Staatskulten eine einflußreiche Stellung: Die Praxiergiden, dazu Deubner, a. a. O., 17 ff.; die Eteobutaden, dazu J. Toepffer, Att. Gen., Berlin 1889, 114 ff.; die Lykomiden (Themistokles!), dazu Toepffer 209 ff.

[50] Wilamowitz-Möllendorff, Aristot. u. Athen, 2, 185. Vgl. auch V. Ehrenberg, Neugründer d. Staates, 99 ff.; E. Meyer-Stier, Gesch. d. Alt. 3, 748; M. Nimsch, a. a. O., 38 u. D. Loenen, De nobilitate apud Athenienses, Mnemosyne N. S. 54, 1926, 215 ff.

[51] Vgl. U. Kahrstedt, Staatsg. u. Staatsang. in Athen, 199 ff. u. A. Körte, Ath. Mitt. 47, 1922, 6 ff., der diese Beobachtung an Ostraka macht. Dazu neuerdings W. Haedike, a. a. O., 7.

[52] Vgl. W. Jaeger, Paideia, Berlin 1936, 152; Th. Mommsen, Feste d. Stadt Athen, München 1898, 61 ff.; L. Deubner, a. a. O., 235 u. H. Berve, Sparta (Meyers kl. Hdb. 7) 1937, 35.

So gaben tatsächlich die adeligen Prädikate: Blut, Vermögen und Bildung, die in den Augen des athenischen Volkes ihren natürlichen Zauber in dieser Zeit nicht im geringsten eingebüßt hatten, den Männern aus aristokratischen Häusern einen großen Vorteil selbst gegenüber den begütertsten und begabtesten Politikern aus den unteren Klassen [53].

Das in den aristokratischen Kreisen vorhandene Zusammengehörigkeitsgefühl, die Gleichartigkeit der Anschauungen, der Interessen und Bestrebungen führte von selbst zu einer einheitlichen Linie der Politik und mußte gegen Bestrebungen, die sich gegen diese Schicht und ihre Grundlagen richteten, eine geschlossene Front herstellen. Zu dieser Schicht darf man nicht nur den Blutadel rechnen, sondern auch den sich immer mehr vergrößernden Besitzadel; denn (wie A. Rosenberg, Hermes 53, 1918, 310 richtig sagt), „der Adel assimilierte sich beständig die reichen Bürgerfamilien, die Großkaufleute, die großen Grundbesitzer, die seine Lebensideale und gesellschaftlichen Formen — und wir dürfen hinzufügen, auch seine politischen Zielsetzungen — übernahmen". Eine geschlossene Front dieser Kreise sahen wir entstehen gegen des Lykomiden demokratische Pläne. Wir würden aber der Eigenart des politischen Lebens im Athen dieser Zeit nicht gerecht, wenn wir diese Gruppenbildung als Partei bezeichnen wollten. Die Entstehung und Bildung dieser Front nicht aufgrund eines festgelegten Parteiprogramms, wie wir gesehen haben, macht eine solche Bezeichnung unmöglich. Es fehlte dieser Gruppe auch die äußerlich sichtbare Zusammenfassung, die Organisation, die mit dem Begriff Partei unzertrennlich verbunden ist. Sie kam auch nicht zu großer politischer Wirkung, denn Themistokles konnte sowohl seine Wahl zum Archon durchsetzen als auch bereits die Verwirklichung seines Programms in Angriff nehmen. Aktiv und politisch erfolgreich wurde diese Front erst, als sie wider Erwarten einen überragenden Führer erhielt.

Führung durch Miltiades

Miltiades, aus dem altberühmten Hause der Philaiden, war aus seinem hellespontischen Fürstentume nach Athen zurückgekehrt. Der Adel und die Kraft seines Blutes ging zurück auf den großen Ahnherrn des Philaidengeschlechtes, auf Philaios, einen Sohn des Telamoniers Aias (Hdt. 6, 35) [54]. Sein Geschlecht hatte sich seit langem in der aristokratischen und nordischen (R. W. Darré, Das Bauerntum als Lebensquell der nord. Rasse, München 1933, 300) Kunst der Rossezucht ausgezeich-

[53] Vgl. D. Loenen, a. a. O., 211 ff.

[54] Über die Bedeutung des Ahnherrn für die Abstammung s. W. Haedicke, a. a. O., 8 ff., bes. 13 u. M. Nimsch, a. a. O., 7. Dort auch über den Stammbaum des Miltiades S. 21 ff. u. bes. 42 ff. Vgl. auch E. Bethe, Ahnenbild u. Familiengeschichte bei Gr. u. Römern, München 1935, 6 f. 38 ff. u. ö. Nicht zu vergessen ist auch die Tatsache, daß sich in der Pflege des Stammbaums und der Hochhaltung des Ahnherrn bewußt oder unbewußt ein gewisser Rassestolz äußert, der den aristokratischen Herrengeschlechtern seit der Zeit Homers eigen ist. Vgl. J. v. Leers, Blut und Rasse in d. Gesetzgebung, München 1936, 21 f.

net (Hdt. 6, 35), sich durch mehrere olympische Siegeskränze großen Ruhm erworben (Hdt. 6, 103) und damit den Nachweis seiner ererbten, vom Ahnherrn stammenden Tüchtigkeit gegeben [55]. Sein Oheim Miltiades hatte sich, als ihm zur Zeit der Peisistratidenherrschaft keine Wirkungsmöglichkeit in Athen gegeben war, in Thrakien ein Herrschaftsgebiet zu erwerben gewußt. Miltiades hatte dieses Erbe übernommen und sich eine von Athen völlig unabhängige Machtstellung geschaffen, was nicht zuletzt in seiner Heirat mit der thrakischen Königstochter Hegesipyle zum Ausdruck kam (Hdt. 6, 39; Marcellin vita Thukyd. 11).

Nun war er nach Athen zurückgekommen, mit eigenen Schiffen, reichen Schätzen, und sein Auftreten ließ erwarten, daß er eine führende Rolle zu spielen gedenke. Er war nicht der erste Aristokrat, der ein persönliches Machtgebiet außerhalb seiner Heimat als Sprungbrett und Stützpunkt für eine Machtstellung zu Hause benützte [56]. Die Wirkung seines Auftretens war groß. Verfassungsfragen, wenn sie überhaupt vorhanden waren, traten völlig zurück gegenüber dem Machtstreben dieses Mannes, der die Geschichte Athens für die nächste Zeit formte. Die gegnerische Richtung, d. h. die vor allem durch sein Erscheinen betroffenen Alkmaioniden, suchten seine Stellung von vornherein zu untergraben. Das Mittel hierzu war ein Prozeß. Der Philaide wurde angeklagt, in der Chersonnes ein tyrannisches Regiment ausgeübt zu haben (Hdt. 6, 104. Vgl. 6, 39, 2). Sinn der Anklage konnte nur sein, auf die Herrschaftsgelüste des Mannes aufmerksam zu machen, der von seiner selbstherrlichen Stellung in seinem Reiche her gewohnt war zu befehlen und dies vielleicht auch in Athen zu tun gedachte. Tatsächlich bestimmte Miltiades auch, nachdem er den Angriffen seiner Gegner entronnen war, in führender Weise die Politik der nächsten Zeit.

Durch Herkunft, Familienverbindungen, Denkweise und Tradition war er auf die aristokratische Linie festgelegt. Darin wußte er sich wohl einig mit Themistokles, daß ein Kampf gegen Persien unvermeidlich war. Aber dieser Entscheidungskampf sollte seiner Meinung nach durch das Hoplitenheer ausgefochten werden, also in der den Aristokraten angemessenen militärischen Form. So nahm er gegen das Flottenbauprogramm des Lykomiden Stellung [57]. Er wies den Weg zum gleichen Endziel, aber ohne die

---

[55] Vgl. E. Bethe, a. a. O., 54.

[56] Vgl. Peisistratos und andere Tyrannen. Das Erscheinen des Miltiades war weder überraschend noch unerwartet. Als selbständiger, nicht von Athen abhängiger Fürst der Chersonnes (vgl. H. Berve, Miltiades, Hermes Einzelschr. 2, 1937, 35), hatte er das von ihm eroberte Lemnos den Athenern zur Ansiedlung übergeben (Hdt. 6, 136) und zwei Jahre vor seiner Rückkehr bei einem Einfall der Skythen sein Machtgebiet kampflos verlassen (Hdt. 6, 40), allerdings nicht in Athen eingriffen. Auch beim Herannahen der Perser 493 setzte er sich nicht zur Wehr, sondern belud fünf Schiffe mit seinen Schätzen und fuhr ab nach Athen (Hdt. 6, 41).

[57] Plut. Themist. 4. Beloch, GG 2, 2, 134 rechnet Themistokles zur Partei der Aristokraten. Ähnlich Walker CAH 4, 171. Das ist unmöglich und beruht auf der bereits widerlegten Anschauung Belochs, daß das Flottenbauprogramm des Themistokles keine demokratischen Tendenzen in sich geschlossen habe. Mit Recht weist E. Hohl, Perikles, 42 in gleichem Zusammenhange darauf

so unliebsamen innerpolitischen Opfer. Miltiades erschien auch als der Mann, seinen Worten die Tat folgen zu lassen. Reiche Erfahrungen, der Glanz und die Beliebtheit des Hauses der Philaiden, seine ganze adelige Persönlichkeit [58], seine Stellungnahme für die Aufrechterhaltung der agrarischen Grundlage des Staates ließ ihn als den gegebenen Führer der aristokratischen Kreise erscheinen. So wurde Miltiades im Kampfe um die Macht der Gegner des Themistokles, und da die vorhandene antidemokratische Strömung seinem Machtstreben entgegenkam, der Führer der aristokratischen Richtung der Politik (Aristot. A. P. 28, 2). Die moderne Geschichtschreibung, vor allem Aristoteles folgend, liebt es, von der „Partei der Gnorimoi" zu sprechen, deren Führer Miltiades war. Unsere Darstellung hat deutlich werden lassen, daß diese Bezeichnung den tatsächlichen Verhältnissen nicht entspricht. Denn es fehlt neben anderem die programmatische Festlegung der Ziele dieser Gruppe und die äußere Organisation. Neuerdings mehren sich auch die Stimmen derer, die darauf hinweisen, daß die Übertragung des modernen Begriffs Partei auf die Gruppenbildungen in Athen, besonders in dieser Zeit, aus falschen Vorstellungen entspringt [59].

Als maßgebender politischer Führer Athens wußte der Philaide in freundlicher Zusammenarbeit mit Sparta — ein echt aristokratischer Zug! — die Ausschaltung der gefährlichen Nachbarin Aigina [60] und die im Hinblick auf die drohende Persergefahr gewiß wertvolle Zusage einer Unterstützung durch Sparta zu erreichen [61]. Diese außenpolitischen Erfolge gewannen ihm auch die Billigung des Volkes, das seine Gunst von dem Lykomiden auf die nach außen wirksamere Führerpersönlichkeit des Philaiden übertrug. Auch die bäuerlichen Kreise waren gewiß mit der Person und Politik des Miltiades einverstanden. Ihre Existenzgrundlage war die gleiche wie die der Aristokraten. Sollte sie auch ihre vorwiegend nordische Herkunft instinktmäßig zum Anschluß an die aristokratische Richtung der Politik geführt haben? [62]

---

hin, daß solche Umwertungen nur gewagt werden können, weil unsere Kenntnis der innerpolitischen Verhältnisse des damaligen Athen sehr lückenhaft und unsicher ist.

[58] Herodot schildert den Philaiden 6, 103 „in seiner Herkunft aus der agonal-ritterlichen Sphäre, in seiner gentilizischen Gebundenheit": V. Ehrenberg, Ost u. West, 118.

[59] Vgl. Paola Zancan, La lotta politica in Athene dal 580 al 480, Padua 1928 (nach Lenschau, Bursians Jahresbericht 244, 1934, 35, der sich selbst für Parteien in dieser Zeit ausspricht); R. J. Bonner, a. a. O., 50 u. V. Ehrenberg, Ost u. West, 223. Bereits Beloch, GG 2, 2, 130 ff. hat sich grundsätzlich gegen die Verwendung des Begriffes Partei gewandt, ohne allerdings diesen Grundsatz anzuwenden.

[60] Hdt. 6, 49. Dazu H. Berve, Miltiades, 69 f.

[61] Dies darf sicher geschlossen werden, da der Bote Pheidippides in Sparta nur das Eintreffen der Perser meldete (Hdt. 6, 105), ohne Unterhandlungen zu führen, und die Spartaner nach Erfüllung ihrer religiösen Pflichten sofort aufbrachen. Vgl. Berve, Sparta, 71 ff.

[62] Vgl. Günther, Rassengesch. d. hell. u. d. röm. Volkes, 43 u. R. W. Darré, Das Bauerntum als Lebensquell d. nord. Rasse, München 1933, 159 ff.

Ansehen, Zauber der menschlichen Art und Führerbefähigung waren im innerpolitischen Kampfe die ausschlaggebenden Faktoren. Sie waren auch maßgebend in der Stunde der Gefahr, als Miltiades in der Selbstverständlichkeit seines herrscherlichen Willens die Initiative ergriff und die Führung an sich riß. Denn nicht der Stratege Miltiades war es, sondern der überlegene Mensch und Führer Miltiades, der in der Volksversammlung den bekannten Antrag δεῖν ἐξιέναι (Kephisodot bei Aristot. Rhet. 3, 1411 a 10) durchsetzte, nicht zuletzt, weil die seine Politik stützenden Aristokraten und Bauern sonst eine Verwüstung ihrer Güter und Ländereien durch den anmarschierenden Feind zu erwarten hatten. Er war auch der Urheber der beiden anderen wichtigen Entschlüsse dieser Tage, der Freilassung von Sklaven für den Kriegsdienst (Pausanias 1, 29, 7. 7, 15, 7. 1, 32, 2) und der Sendung des Pheidippides nach Sparta (Hdt. 6, 105 f.) [63]. Und er war es schließlich wieder, der, obgleich nicht Oberbefehlshaber der athenischen Truppen, sich in rein persönlicher Überlegenheit und Tüchtigkeit gemäß dem aristokratischen Prinzip des Agon bei Marathon einen Siegeskranz erwarb, der sein Ansehen in Athen zu fast unumschränkter Macht steigerte (Hdt. 6, 132) [64].

Seine Politik hatte sich als erfolgreich erwiesen. Seine Gruppe, und das bedeutet die antidemokratische Strömung, mußte unter seiner Leitung in der Folgezeit einen maßgebenden Einfluß ausüben. Ihre Zielsetzungen: Erhaltung der maßgebenden Bedeutung des Hoplitenheeres, Verhinderung einer drohenden Demokratisierung, Zurückdrängung der demosfreundlichen Männer, waren erfüllt. Was aber waren die Zielsetzungen des herrscherlichen Führers? War es die Einrichtung einer Oligarchie oder ging sein Streben in Richtung einer dauernden persönlichen Machtstellung? Die Geschichte gibt uns eindeutig Antwort. Miltiades forderte vom Volke unter Hinweis auf große Beute die Stellung von Mannschaft, Schiffen und Geldmitteln für einen Feldzug, dessen Ziel er nicht angab (Hdt. 6, 132 ff.). Es handelte sich um die Expedition nach Paros. Diesen Zug unternahm der Philaide in selbstherrlicher Weise kraft seiner Persönlichkeit, nicht etwa kraft seines Amtes als Stratege oder gar als Polemarch [65]. Es war nichts anderes als der Versuch, sich in echt aristokratischer Weise eine Hausmacht außerhalb Athens zu schaffen, um von dieser nahegelegenen Machtbasis aus stets in Athen einen maßgebenden Einfluß ausüben zu können [66]. Aber die

---

[63] Vgl. H. Berve, Miltiades, 76 ff. u. Obst, RE 15, 1692 ff.

[64] Über das Verhältnis des Strategen und des überragenden Menschen Miltiades zum damaligen Polemarchen siehe gut H. Berve, Miltiades, 78 ff. gegen Obst, RE 15, 1695.

[65] wie U. Kahrstedt, Untersuch. zur Magistratur in Athen, 149, 2, ohne jegliche Quellengrundlage annehmen möchte.

[66] Zu dieser Deutung des Zuges s. H. Berve, Antike 12, 1936, 13 f. Berves Aufsatz ist für die vorliegende Untersuchung, die bei seinem Erscheinen im wesentlichen bereits abgeschlossen war, von grundlegender Bedeutung. Inzwischen hat Berve die in Antike 12, 1936 skizzierten Ausführungen über Miltiades in seiner Studie Miltiades weitergeführt. Hier wird durch genaueste Interpretation besonders der einschlägigen Stellen bei Herodot eine grundlegende Aufklärungsarbeit über Miltiades, den fürstlichen Herrn mit seinem herrscher-

Machtgelüste des nach Herrschaft dürstenden Mannes fanden ein jähes, unerwartetes Ende. Die Expedition endete mit einem völligen Mißerfolg. Eine Anklage wegen Täuschung des Volkes, vorgebracht von Xanthippos, der mit den Alkmaioniden eng verbunden war (seine Frau Agariste war eine Nichte des Kleisthenes), brachte den Marathonsieger zu Fall (Hdt. 6, 136). Damit verlor die antidemokratische Strömung, die unter seiner Führung vorübergehend zur Verwirklichung ihrer Zielsetzungen hatte gelangen können, langsam an Boden.

III. ARISTEIDES

Die antidemokratische Strömung in dem Zeitraum von 490 bis 480

Noch vor dem unglücklichen Ausgang der Expedition nach Paros hatten in Athen die Archontenwahlen stattgefunden. Es war natürlich, daß ein Anhänger der damals übermächtigen Gruppe des Miltiades zum Archon Eponymos gewählt wurde. Es war Aristeides, des Lysimachos Sohn (Hdt. 8, 79; Plut. Arist. 5 u.ö.). Bei seinem ersten Auftreten hatte er sich gegen Themistokles gewandt. In dieser Gegnerschaft gegen des Lykomiden Flottenpläne berührte er sich mit der Haltung der aristokratischen Gruppe [67]. Seine politische Stellungnahme ist vielfach umstritten. Sicher ist, daß zu seiner Beurteilung die Berichte bei Plut. Arist. 22 und bei Aristot. A. P. 24 u. 41 auszuscheiden sind [68]. Auch darf kein Zweifel bestehen, daß Aristeides nach Herkunft, Stellung, ver-

---

lichen, an den Idealen der Adelszeit hängenden Sinn geboten. Wenn auch die Folgerungen allgemeiner Art, die sich aus Berves Untersuchungen ergeben, mit Absicht, wie das Vorwort sagt, nicht weiter ausgesponnen sind, so bildet doch das Buch einen gewichtigen Markstein für die immer mehr fortschreitende Tendenz der Geschichtswissenschaft, sich aus den Banden der verfassungsgeschichtlichen Betrachtunsweise zu lösen. Über den Zug nach Paros s. dort 92 ff. Eine ähnliche Auffassung über die Paros-Expedition scheint mir, wenn auch nicht so klar, bereits Th. Birt, Von Homer bis Sokrates, Leipzig 1921, 143 ausgesprochen zu haben. Obst, RE 15, 1702 ff. schließt aus Hdt. 6, 132, daß der Zug sich gegen Thasos gerichtet habe. Dieser Ansicht folgt Ehrenberg, Ost u. West, 123, 225 u. auch Kahrstedt, Unters. z. Mag. in Athen, 149 scheint zuzustimmen. Damit aber hätte der Philaide keine Machtbasis für ein jederzeit mögliches Eingreifen in Athen gewonnen und schließlich war auch in Paros, wie Berve, a. a. O. zeigt, Gold zu holen. Daß allerdings der Philaide mit seinem Unternehmen gegen Paros den Weg zur Tyrannis beschritten habe, wie Berve, a. a. O. 97 u. Wilamowitz-Möllendorff, Aristot. u. Athen, 2, 88 annehmen, darf trotz der Ähnlichkeit seines Vorgehens mit dem Handeln früherer Tyrannen bei einem politisch so klug denkenden Manne wie Miltiades nicht angenommen werden.

[67] Plut. Arist. 2, 3. Themist. 3. Vgl. Schoeffer, RE 2, 879.

[68] Vgl. Busolt-Swoboda, Gr. Staatsk., 888, 6; E. Meyer, Gesch. d. Altert., 3, 481 ff.; Wilamowitz-Möllendorf, Aristot. u. Athen, 1, 159 ff. u. Schoeffer, RE 2, 882, während Bonner a. a. O., 47 u. H. Bogner, Die verwirklichte Demokratie, Berlin 1931, 62 f. Plut. Arist. 22 kritiklos folgen.

wandtschaftlichen Beziehungen[69] sowie politischer Denk- und Handlungsweise (Plut. Arist. 2) als Anhänger der aristokratischen Richtung der Politik zu betrachten ist. Ein fürstlicher, nach Macht strebender Herrenmensch war er allerdings nicht. Dazu fehlte ihm der solchen Männern eigene riesenhafte ererbte Reichtum[70] und fehlte ihm eine feste Gefolgschaft (Plut. Arist. 2). Dadurch wird verständlich, daß seine politische Stellungnahme nicht fest umrissen überliefert ist. Dadurch erklärt sich auch, daß er die durch den Tod des Miltiades in der Führung der antidemokratischen Strömung entstandene Lücke nicht ausfüllte, ebenso wenig wie Kimon, der Sohn des Marathonsiegers, der noch zu jung war, um die Politik seines Vaters fortzusetzen. Bei dem Vorherrschen des persönlichen Elements in diesen Gruppenbildungen verlor nun die aristrokratische Richtung ihren Zusammenhang und ihre Schlagkraft. Neue Gruppen entstanden, wie die des Xanthippos, der in seiner Gegnerschaft gegen Themistokles dem Aristeides nahe stand[71].

Andererseits drängte Themistokles, den der Ruhm des Miltiades nicht schlafen ließ (Plut. Themist. 3), wieder gewaltig empor. Die Vorgänge im Kampf gegen Aigina wußte er geschickt zur Propagierung für sein Flottenbauprogramm zu verwenden (Plut. Themist. 4. Hdt. 6, 89). Durch die Reform des Jahres 487/86 verstand er es sich eine Machtbasis zu schaffen. Diese Verfassungsänderung — Bestellung der Archonten durch das Los — war nicht der Abschluß einer verfassungsgeschichtlichen Entwicklung, sondern muß in ihrer Planmäßigkeit auf den ehrgeizigen Lykomiden zurückgeführt werden[72]. Denn die Bestimmung und

---

[69] Es sei nur daran erinnert, daß er mit Kallias, dem Keryken, verwandt war (Plut. Arist. 25), der seinerseits wieder mit Kimon verschwägert war (Plut. Per. 4).

[70] Plut. Arist. 1. 25; Nepos Arist. 3. Allerdings „arm“, wie die Quellen berichten, war Aristeides auch nicht. Vgl. E. Ciccotti, Gr. Gesch. (Hartmanns Weltgesch. 2), Stuttgart 1923, 98. Schon Demetrios von Phaleron hatte sich gegen diese Anschauung gewandt (Plut. Arist. 1). Die Familie des Aristeides scheint später verarmt zu sein (Plut. Arist. 27). Das wurde, um die Gerechtigkeit des Aristeides ins hellste Licht zu setzen, auf ihn selbst übertragen. Daß dies besonders Plutarch getan hat, nimmt uns nach dem in seiner Schrift „Über die Böswilligkeit des Herodot“, 6, dargelegten Grundsatz nicht wunder. Es ist auch zu beachten, daß wir den Begriff „Armut“ nicht nach heutigen Anschauungen pressen dürfen. Für einen führenden Politiker aus aristokratischem Hause erschien Aristeides den Griechen „arm“. Das zeigt wiederum, daß man ererbten Reichtum als selbstverständliche Grundlage und Voraussetzung für politische Tätigkeit betrachtete. Dasselbe läßt sich an Themistokles ersehen. Denn da er über ererbten Reichtum nicht verfügte, suchte er sich Geldmittel zu verschaffen, was ihm übel vermerkt wurde. Plut. Themist. 21. Hdt. 8, 111 ff. Vgl. J. Brake, Wirtschaften und Charakter in der antiken Bildung, Diss. Göttingen 1935, 64 ff.

[71] Man darf aber das Verhältnis nicht umdrehen, wie es H. Willrich, Perikles, Göttingen 1936, 45 f. tut, und Aristeides als „Parteigenossen“ des demokratischen Xanthippos bezeichnen. Die Ansicht, daß Aristeides Demokrat gewesen sei, widerlegt sich allein aus Plut. Arist. 2.

[72] V. Ehrenberg, Ost u. West, 124 ff. will diese Reform auf die Wirkung des Miltiades und Aristeides in ihrem Kampfe gegen die Alkmaioniden zurückführen. Er bringt damit ebenfalls zum Ausdruck, daß diese Verfassungsänderung ein Mittel der mächtigen Männer im Kampfe um die Macht war. Jedoch

Führung der Politik lag jetzt nicht mehr bei den Archonten, sondern konnte leichter als zuvor von dem Volksführer δημαγωγός ergriffen werden. Und konnte dieser Volksführer gar noch seine Wahl zum Strategen oder gar Oberstrategen, wenn es einen solchen gab (Anm. 79), durchsetzen, so lag tatsächlich in seiner Hand die innenpolitische und außenpolitische Führung. Er war dann in gewissem Sinne, um das Schlagwort Bogners, Die verwirkl. Dem. 59 zu gebrauchen, der heimliche Diktator. Nicht mehr das Archontat ist seit dieser Zeit äußerlich sichtbare Grundlage für das Wirken überragender Männer, sondern das Strategenamt [73].

In solcher durch rein persönliche Momente bedingten Machtstellung betrieb Themistokles nun mit aller Macht seine Flottenpläne. Die antidemokratische Front aber war, vor allem wegen des Fehlens einer überragend führenden Persönlichkeit, nicht in der Lage entscheidenden Widerstand zu leisten. Des Aristeides Gegnerschaft zu Themistokles in dieser Frage steht fest [74]. Als Marathonkämpfer, der politisch und militärisch an der Seite des Miltiades gestanden hatte (Plut. Arist. 5), trat er ganz selbstverständlich gegen die Pläne des Themistokles auf, die eine Schwächung des Hoplitenheeres bringen mußten. In diesen Gedankengängen berührte er sich eng mit all den Bedenken gesellschaftlicher, politischer und religiöser Natur, welche in den antidemokratischen Kreisen gegen des Lykomiden Planen von Anfang an, wie wir sahen, herrschten. Mangelhafte Nachrichten über die innerpolitischen Auseinandersetzungen im Athen dieser Zeit erlauben es nicht, einen direkten Zusammenhang seiner Politik mit der antidemokratischen Gruppe deutlich nachzuweisen. Aristeides dürfte aber doch der Wortführer dieser Gruppe gewesen sein. Das läßt sich auch ersehen aus der Tatsache, daß er ostrakisiert wurde [75].

Aristeides als Antragsteller des Gesetzes (Ehrenberg 126) kommt nicht in Betracht, denn dieser kommt erst 479 zu führender Stellung, während in den Jahren nach der Reform Themistokles der leitende Mann ist, der die Früchte aus seinem Vorgehen genoß. Auch kann Aristeides als Vertreter der aristokratisch-antidemokratischen Gruppe kein Gesetz beantragt haben, das deutlich demokratische Auswirkungen zeigte. Die Abwertung des Archontenamtes war eine Folge der Reform, und nicht, wie E. Ciccotti, Gr. Gesch., Stuttgart 1923, 97 meint, die Reform eine Folge der herabgeminderten Bedeutung des Archontenamtes.

[73] Vgl. Kimon u. Perikles, S. Kromayer-Veith, Heerw. u. Kriegf. d. Gr. u. Römer, 55 u. A. Krause, Attische Strategenlisten, Diss. Weimar 1914.

[74] Plut. Themist. 4 u. a. m. Schon W. Oncken, Die Staatslehre d. Aristot., Leipzig 1875, 2, 464 hat darüber wie neuerdings H. Bogner, Die verwirkl. Dem. 59 richtig geurteilt. Wegen des Mangels an genauen Nachrichten werden allerdings verschiedene Beweggründe bei Aristeides vermutet, vgl. Beloch, GG 2, 2, 142 u. Busolt, GG 2, 652. Aber abstreiten läßt sich diese Gegnerschaft, wie es H. Willrich, Perikles 46 tun will, auf keinen Fall. Vgl. Anm. 75.

[75] Vgl. Wilamowitz-Möllendorf, Aristot. u. Athen, 1, 25. Dagegen Willrich, a. a. O., 46: „Selbst die Auffassung, der Widerstand gegen die Flottenpläne des Themistokles sei dem Aristeides verhängnisvoll geworden, ist nur eine Verlegenheitsannahme moderner Forscher, das Altertum kennt sie nicht". Bei Plut. Themist. 4 aber heißt es ausdrücklich, daß Themist. seine Flottenpläne erst durchführen konnte, nachdem er über den Widerstand des Arist. gesiegt hatte. Ebenso erweckt die Darstellung bei Aristot. A. P. 22, 8 nicht nur den Eindruck eines zeitlichen, sondern auch eines kausalen Zusammenhangs zwischen Bau der Flotte und Ostrakismos des Aristeides.

Themistokles griff nämlich zu dem von Kleisthenes geschaffenen Ostrakismos, um seine politischen Widersacher zu verdrängen [76]. In planmäßigem Vorgehen wurden in den Jahren 488—480 alle bedeutenden Männer, die Themistokles hätten gefährlich werden können, aus dem politischen Leben verdrängt (Aristot. A. P. 22). Die schweren innerpolitischen Auseinandersetzungen, die damit verbunden gewesen sein müssen, können wir nicht genau greifen [77]. Mit der Ausschaltung des Aristeides im Jahre 484/83 [78] war der Einfluß der antidemokratischen Gruppe zur Bedeutungslosigkeit herabgedrückt. Themistokles drang durch. Eine neue Flotte entstand. Das Genie des Themistokles führte sie bei Salamis zum Siege.

Die antidemokratische Strömung in dem Zeitraum von 480 bis 470

Themistokles stand auf dem Höhepunkt seiner Macht. Aber überraschend schnell erhob sich die eben unterdrückte aristokratische Front von neuem. Heftige innere Streitigkeiten und Kämpfe müssen in Athen entbrannt sein. Das äußere Zeichen davon ist der Wechsel im militärischen Oberkommando, der während des Krieges eintrat. Aristeides, der vor der Schlacht bei Salamis auf Grund eines Amnestiegesetzes zurückgekehrt war und sich tapfer am Kampfe beteiligt hatte (Hdt. 8, 95; Aischylos Pers. 445 ff.), begegnet uns im Jahre 479 als bevollmächtigter Stratege, d. h. als der politische und militärische Vertreter seiner Vaterstadt nach außen [79]. Die gleiche Stellung hatte Themistokles während des Jahres 480 eingenommen. Der Wechsel in diesem wichtigen Kommando während des Krieges kam einer Neuorientierung der Außenpolitik gleich und kann nicht ohne Veränderung der innerpolitischen

---

[76] Daß den Ostrakismos bereits Kleisthenes eingeführt hat, berichtet Aristot. A. P. 22, 1. U. Kahrstedt, Staatsg. u. Staatsang. in Athen, 123 f. will im Anschluß an Beloch, GG 2, 2, 332 f. die Einführung des Scherbengerichtes auf die Zeit nach Marathon verlegen, worin ihm H. Berve, Antike 12, 1936, 14 gefolgt ist. Aber Kahrstedts Begründung, daß vor Marathon kein Ostrakismos stattgefunden habe, erledigt sich durch den grundsätzlichen Hinweis, daß es Gesetze und Institutionen gibt, die allein durch ihr Bestehen die von ihnen gewünschte Wirkung ausüben. Dazu kommt noch die Tatsache, daß der Ostrakismos in seinem ursprünglichen Charakter sehr gut in das Gesamtwerk des Kleisthenes paßt: Entfernung eines einzelnen Mannes an Stelle des bisher üblichen Vorgehens gegen ganze Geschlechter.

[77] Über die Tätigkeit der Hetairien, die Themistokles um sich hatte (Thuk. 1, 137. Plut. Arist. 2), bei diesen Ostrakisierungen s. Calhoun, a. a. O., 137.

[78] Aristot. A. P. 22, 8. Hdt. 8, 79 u. ö. Nach Plut. Arist. 8 kommen wir in das Jahr 483/82. Aristot. besitzt mehr Glaubwürdigkeit, vgl. Schoeffer, RE 2, 880 f.

[79] Plut. Arist. 11; Hdt. 9, 28. Über die besonderen Vollmachten Busolt, GG 3, 1, 59. Andere Strategen waren untergeordnet (Hdt. 9, 46. 117; Plut. Arist. 20). Damit ist für diesen Einzelfall eine Art Oberstratege nachgewiesen, dessen Vorhandensein U. Kahrstedt, Unters. z. Mag. in Athen, 27 f. verwirft. Kahrstedt 28, 1 bringt zwar einen berechtigten Einwand gegen den „Oberstrategen" Miltiades, nicht aber gegen Themistokles und Aristeides. Vgl. M. Scheele, Strategos Autokrator, Diss. Kassel 1932 u. Bus.-Swoboda, Gr. Staatsk. 2, 891.

Lage vor sich gegangen sein [80]. Themistokles und seine Anhänger scheinen unterlegen zu sein gegenüber der Gruppe der Aristokraten und all derer, als deren Wortführer uns Aristeides bei der Gegnerschaft gegen Themistokles begegnet ist. Das gewaltige Geschehen der äußeren Ereignisse dieser Zeit ließ in der Geschichtschreibung keinen Bericht über die innenpolitischen Kämpfe aufkommen. Es ist uns jedoch vergönnt, an Hand verschiedener Nachrichten Einblick zu gewinnen in die Beweggründe, die zum Umschwung des Winters 480/79 führten.

Der Kriegsplan des Themistokles „Asien in Europa zu fangen", erschien zu gefährlich (Hdt. 8, 108. 109; Plut. Themist. 16. Arist. 9) und fand Ablehnung besonders im Hinblick auf das attische Land. Schon die erste Räumung der Heimat war nur unter dem harten Druck der Unausweichlichkeit vor sich gegangen. Eine zweite Räumung von Stadt und Land aber suchten die Athener unter allen Umständen zu verhindern. Als besondere Vertreter dieser Bestrebungen erscheinen Aristeides und Kimon, beide Wortführer der aristokratischen Politik [81]. Gerade die Adelsgeschlechter mit ihrem reichen Grundbesitz mußten ein vornehmliches Interesse daran haben, einen zweiten Einfall des erbitterten Feindes von ihren Besitzungen fern zu halten. So boten sie, wohl zusammen mit den Kleinbauern, alles auf, einen Mann ihrer Gruppe, ihrer Gesinnung an die leitende Stelle für das nächste Kriegsjahr zu bringen. Der Areopag vollends, der sich in der Stunde der höchsten Not am trefflichsten bewährt hatte und dessen Autorität seit 480 stieg (Aristot. A. P. 23), bildete wohl eine feste Stütze für diese aristokratischen Bestrebungen. Und „für den einfachen Wähler schienen die Ruinen in ganz Attika offenbar zu stark gegen den Mann zu sprechen, dessen Strategie die Heimat absichtlich preisgegeben hatte" [82]. So erhielt Aristeides die Führung und Leitung des Endkampfes gegen Persien übertragen und nahm als der Befehlshaber des athenischen Hoplitenheeres an der ruhmreichen Schlacht bei Plataiai teil.

Die aristokratische Richtung hatte wieder die Führung inne. Für sie war die Tatsache ausschlaggebend gewesen, daß die besitzenden Adelsgeschlechter bei einem Einfall in Attika Verwüstung ihrer Güter zu befürchten hatten [83]. Das war eine schmerzliche Folge der mit dem Ausbau der Seemacht verbundenen Schwächung des Hoplitenheeres. Der Ausbau Athens zur Seemacht aber und die Schwächung seiner militärischen Stellung zu Lande entsprangen letzten Endes demokratischem Gedankengut. So vertiefte sich immer mehr der antidemokratische Charakter der aristokratischen Politik. Ein Einzelfall zeigt uns dies beispielhaft.

---

[80] Vgl. E. Meyer, Gesch. d. Alt., 3, 1, 402 f., anders Munro, Journ. of Hell. Stud. 24, 1904, 144 ff.

[81] Hdt. 8, 144. 9, 6 f.; Plut. Arist. 10. Themist. 16.

[82] Kahrstedt in RE 5 A 2, 1692. Vgl. Kromayer-Veith, Heerw. u. Kriegf., 152.

[83] Vgl. Berve, GG 1, 252, der mit Recht von einem „agrarischen Charakter des damaligen Athen" spricht, u. G. Méautis, L'aristokratie athenienne, Paris 1927, 46 S.

Plut. Arist. 13 berichtet vor der Schlacht bei Plataiai über eine Verschwörung zum Sturze der Demokratie [84]. Die Verschworenen, zuvor reich und angesehen im Staate, seien durch den Krieg arm geworden. Unter den Verschworenen werden uns zwei mit Namen genannt, Aischines aus dem Demos Lamptrai und Agesias aus dem Demos Acharnai. Der erste Ort liegt etwa 45 km südöstlich von Athen an der Straße nach Sunion, der zweite etwa 15 km nördlich von Athen, zwischen Parnes und Aigaleos-Gebirge, an der Straße von Athen nach Theben. Es ist nötig sich die Lage dieser Demen klar zu machen. Denn wir dürfen annehmen, daß der Reichtum, über den die Verschworenen verfügt hatten, zum größten Teil in Landbesitz bestand oder aus ihm floß. Die Angabe, sie seien durch den Krieg arm geworden, läßt vermuten, daß ihre Güter der Verwüstung durch die Perser anheimgefallen waren. Die Besitzungen des Agesias aus Acharnai, die am Einmarschwege des Xerxes lagen, werden wohl bereits damals verwüstet und auf Jahre hinaus unfruchtbar gemacht worden sein. Wir können uns den Schaden klar machen, wenn wir bedenken, daß bei solchen Verwüstungen des Landes die Reben ausgerissen, die Feigen-, Mandel- und Ölbäume umgehauen wurden. Und gerade der Demos Acharnai war wegen seiner Fruchtbarkeit berühmt; seine Öl- und Weingärten erstreckten sich bis zum Ilissos.

Die Besitzungen des Aischines von Lamptrai lagen zwar nicht im direkten Bereich des Xerxeszuges. Aber es ist wohl denkbar, daß Abteilungen, besonders der Reiterei, verwüstend bis dorthin vordrangen, zumal das Land von den Bewohnern geräumt war. Im Jahre 479 fiel dann Mardonios in Attika ein. Nachdem ein erhofftes Übereinkommen mit Athen fehlgeschlagen war, ging er mit rücksichtsloser Zerstörungswut gegen das attische Land vor. Da werden wohl auch die Besitzungen des Aischines, die ja an der Straße nach Athen lagen, schweren Schaden erlitten haben. Ebenso wird es den anderen Verschworenen ergangen sein. Raub, Plünderung und Verwüstung während des Krieges hatte ihren Reichtum vernichtet. Die Wiederherstellung der Güter, Neupflanzung der Ölbäume und Reben war eine kostspielige Sache, und auf Jahre hinaus war kein Ertrag zu erwarten. So waren sie „arm“ geworden, wenn wir auch den Begriff arm nicht pressen dürfen. Die Wurzel all dieses Übels sahen sie in der Demokratie und so verschworen sie sich zu ihrem Sturze [85].

Dieser Vorgang hat in einer bestimmten Richtung allgemeine Bedeutung. Es wird daraus die Stellungnahme der besitzenden, vor allem der aristokratischen Kreise gegen Athens Ausbau zur Seemacht und seine Folgen besonders verständlich. Diese Tendenz führte zu einer stets festgehaltenen Linie der Politik.

---

[84] Die Quelle Plut. ist unbekannt. Herodot berichtet von diesen Vorgängen nichts.

[85] Wahrscheinlich fanden sie sich in einer Hetairie zusammen, s. Calhoun, a. a. O., 143. Die Quittierung der ganzen Angelegenheit durch Aristeides zeigt gewiß nicht, daß er den Demokraten zugerechnet werden muß.

Die Gesichtspunkte und Merkmale der antidemokratischen Strömung

Stets festgehaltene Gesichtspunkte der antidemokratischen Strömung sind, wie die Untersuchung bereits erkennen ließ, zweifellos festzustellen. Diese Tatsache soll im folgenden erhärtet werden. Zwar wendet sich H. Berve, Miltiades 68, 1 gegen das Verfahren, „bestimmte politische Richtungen festzustellen oder politische Programme einzelner Männer oder Gruppen zu entwickeln und diese darauf auf Jahre festzulegen". Nach seiner Ansicht bestimmten drei wesentliche Kräfte das innerstaatliche Leben Athens: Oligarchie, Demokratie und Wille zur Tyrannis. Dann muß es aber auch gelingen diese Kräfte, trotz der beständig wechselnden Situation, in einer gewissen Kontinuität aufzuzeigen. Damit vereinbart es sich wohl, wie Berve sagt, daß man nicht einen Politiker unbedingt auf eine Linie festlegen darf. Aber das Wirken der uns vor Augen stehenden aristokratischen Politiker bewegt sich hauptsächlich in einer bestimmten Richtung, der antidemokratischen. Der Begriff antidemokratisch aber schließt, wie bereits gesagt, alles in sich, was der demokratischen Richtung des athenischen Staates entgegensteht. Die antidemokratische Politik, besser die antidemokratischen Führer, haben folglich je nach ihren persönlichen Motiven oder den äußeren politischen Begebenheiten verschiedene Zielsetzungen, positive oder negative. Die positiven Zielsetzungen, die die antidemokratische Politik in dieser Zeit in sich schließt, lassen sich klar herausstellen [86].

Aus der Stellungnahme der aristokratischen Kreise und der aristokratischen Führer Miltiades und Aristeides gegen das demokratische Entwicklungstendenzen in sich bergende Flottenbauprogramm des Themistokles ersehen wir als eine erste stehende Forderung der antidemokratischen Politik den W i d e r s t a n d g e g e n e i n e f o r t s c h r e i t e n d e D e m o k r a t i s i e r u n g [87]. Das scheint eine negative Forderung zu sein. Aber es gab auch andere antidemokratische Zielsetzungen! Nämlich das Ziel eines gewaltsamen Umsturzes der demokratischen Verfassung, wenn nötig im Verein mit einem auswärtigen Feind, wie es im Plan der Verschworenen vor Plataiai lag. Dieser Vorgang jedoch ist in dieser Zeit ein Einzelfall, der in seinem episodenhaften Charakter zur Beurteilung der Ziele der antidemokratischen Bewegung als Ganzem kein ausschlaggebendes Gewicht beanspruchen darf. Die Richtung der aristokratischen Politik geht vielmehr wie bisher, so auch in dem Jahrzehnt nach Salamis, auf Hemmung einer weiteren Demokratisierung. Hier richtet sich der Kampf vor allem gegen Themistokles, den Träger der demokratischen Tendenzen, der die Gewalt

---

[86] Vgl. Berve, GG 1, 259 ff., wo er in gleichem Zusammenhang von festen Zielsetzungen spricht.

[87] A. Rosenberg, Hermes 53, 1918, 311 dagegen kennt „aus der Zeit von 500—460 keine einzige Situation, in der eine Partei der Reichen die Interessen der Demokratie bekämpft hätte". Das andere Extrem bildet F. Ollier, Le Mir. Spart. 144, der von „bedeutenden Konzessionen an die Demokratie" vonseiten der aristokratischen Politik unter Aristeides spricht. Auch so darf man nicht sagen.

des Volkes über Gebühr erheben wollte, aber dabei an Aristeides und Kimon die schärfsten Gegner hatte (Plut. Kimon 10 nach Theopomp).

Die Demokratisierung des Staates schien vor allem bedingt durch die Verlagerung der athenischen Wehrmacht auf die See. Im Hinblick auf diese Gefahr hatte die antidemokratische Opposition von Anfang an auf die Erhaltung der agrarischen Basis des Gemeinwesens Wert gelegt; hatte Miltiades die Bedeutung des Hoplitenheeres bei Marathon erwiesen; hatte Aristeides vom Beginn seines politischen Wirkens an gegen Themistokles Stellung genommen; hatte die aristokratische Politik den Kurswechsel des Winters 480/79 erzwungen. Diese feste aristokratische Anschauung, daß der Staat militärisch auf dem Hoplitenheer beruhen soll, ist nicht aus einer klugen Erwägung erwachsen, erklärt sich auch nicht allein aus den Traditionen von Marathon und Plataiai, sondern entsprang letzten Endes rassischem Instinkt. Besonders dem Bauerntum mußte es unerträglich sein, vielleicht einmal im Falle eines Krieges nicht mehr als Hoplit mit der Waffe in der Hand dem Feind entgegentreten zu können. (Vgl. Thuk. 2, 16, 2. 2, 21). Pflug und Schwert aber sind besondere Kennzeichen des nordischen Bauern [88]. Im Kampf der Hopliten war auch das aristokratisch-agonale Moment, das im griechischen Leben von so großer Bedeutung war [89], viel stärker vorhanden als im Kampf der Schiffe untereinander, wo der Sieg mehr der Manövriertechnik zu verdanken war.

Wie in der Innenpolitik, so kristallisierten sich auch in der Außenpolitik allmählich feste Forderungen und Anschauungen der aristokratischen Politik heraus. Die Ideen des Themistokles wurden nicht völlig verworfen. Die aristokratischen Führer übersahen die Zeichen der Zeit nicht (vgl. Plut. Themist. 12; Kimon 5). Sie waren als echte Patrioten mit der ungeheuren Ausweitung des athenischen Machtbereichs, die sich nach den Perserkriegen bot, wohl einverstanden [90]. Aber die Entwicklung sollte nicht in dem überstürzten, forcierten Tempo vor sich gehen, das der Lykomide eingeschlagen hatte. Themistokles war mit Gewalt und Erpressung vorgegangen (Hdt. 111 f. 121; Plut. Themist. 21). Die aristokratischen Führer aber kennzeichnet — eine Tradition aus der Adelsepoche her — panhellenische Gesinnung. Diese ist, wie Hdt. 6, 59 ff. ersehen läßt, bei Miltiades zu finden und ebenso zeigt sie Aristeides bei den denkwürdigen Verhandlungen mit Mardonios (Hdt. 8, 144; Plut. Arist. 10) und bei der Stiftung der panhellenischen Fest- und Siegesfeier in Plataiai (Plut. Arist. 20). Besonders deutlich spricht diese Gesinnung des Aristeides aus der dem Gehalt nach wertvollen

---

[88] R. W. Darre, Das Bauerntum als Lebensquell d. nord. Rasse, München 1933, 60 ff. u. 161 ff.

[89] Vgl. H. Schaefer, Staatsform u. Politik, Leipzig 1932, 178 u. L. Radermacher, Aristophanes Frösche, Sitz.-Ber.-Wien-Ak. 198, 1921, 4—36, bes. 23 mit Literaturangaben über den agonalen Charakter des antiken Menschen.

[90] Vgl. Kromayer-Veith, a. a. O., 164 u. F. Taeger, Thukydides, Stuttgart 1925, 55. Man darf jedoch deswegen die aristokratischen Führer, insbesondere Kimon, nicht als die Nachfolger des Lykomiden bezeichnen, wie es u. a. A. M. C. Shepard, Sea Power in Ancient History, 74 tut. Die wirklichen Nachfolger des Themistokles waren Ephialtes und Perikles.

Anekdote bei Plut. Themist. 20 und Arist. 22. Dieses Zusammengehörigkeitsgefühl war in den Kämpfen der Perserkrieger erhärtet worden (vgl. Simon. fr. 88 Diehl). Das bedingte aber bei der Ausgestaltung des Seebundes *Rücksichtnahme auf die Autonomie der stammverwandten griechischen Städte*, ein Gesichtspunkt, den Aristeides und Kimon (Plut. Kimon 11) gegen die rücksichtslose, egoistische Machtpolitik des Themistokles ins Feld führten. Dieses Merkmal der aristokratischen Politik ersehen wir aus dem entgegenkommenden Verhalten des Aristeides und Kimon bei der Gründung des delisch-attischen Seebundes im Jahre 478/77 [91], der auf der Basis grundsätzlicher Gleichberechtigung [92] in der Absicht die griechischen Städte vom persischen Joch zu befreien, abgeschlossen war [93], und ersehen wir aus

---

[91] Plut. Arist. 23; Kimon 6. Die Ansicht H. Schaefers, Staatsform u. Politik, Leipzig 1932, 69, daß es 478/77 gar nicht zur Gründung eines neuen Bundes gekommen sei und daß Aristeides nur eine Neuregelung der schon vorher von den Mitgliedern des Hellenenbundes von 480 gezahlten Beiträge durchgeführt habe, ist mit Recht ausführlich von L. J. Highby, The Erythrae Decree (Klio Beiheft 36) 1936, 76 ff. widerlegt worden.

[92] Thuk. 1, 97, 1 u. ö.; Aristot. A. P. 23, 5 . . ὥστε τὸν αὐτὸν ἐχθρὸν εἶναι καὶ φίλον. Diese Schwurformel betrachtet Busolt, GG 3, 1, 73, 2 als im Widerspruch stehend mit der den Städten gewährten Autonomie. Dagegen ist hinzuweisen, daß bei einem Vertrag stets zu scheiden ist die Vertragsformel = συνθῆκαι und der Vertragseid = ὅρκος. Die Synthekai bringen die genaue Festlegung des Vertrags. Der Horkos dagegen gibt keine genauen Einzelheiten, sondern bringt die allgemeine Bestätigung des nun geschaffenen Verhältnisses zwischen den Vertragsschließenden. Vorliegende, dem Gehalt nach bei den Indogermanen allgemein übliche Schwurformel darf daher zur Untersuchung über die Art des Vertrages nicht benützt werden. Gegen H. Schaefer, a. a. O., 68. Vgl. ders., Hermes 71, 1936, 134.

[93] Die Basis grundsätzlicher Gleichberechtigung konnte allerdings praktisch nicht stets aufrecht erhalten werden, vgl. Berve, GG 1, 258 f. u. F. Nolte, Die hist.-polit. Voraussetzungen d. Königsfriedens v. 386 v. Chr., Diss. Frankfurt 1923, 20 ff. So sah sich Kimon veranlaßt, gegen abtrünnige Bundesgenossen mit aller Strenge vorzugehen (Naxos; Thasos). Auch war Athen in einzelnen Fällen genötigt, in die innerpolitischen Verhältnisse einer Bundesstadt ordnend einzugreifen, um die Einheit der Symmachie sicherzustellen, vgl. F. Nolte, a. a. O., 16 u. H. Schaefer, Die attische Symmachie im 2. Jahrzehnt ihres Bestehens, Hermes 71, 1936, 129 ff. Die Forschung hält allgemein das Dekret über Erythrai (I. G. I^2 10), das Schaefer behandelt, für den ältesten inschriftlichen Beleg dafür, daß Athen in die innerpolitischen Verhältnisse einer Bundesstadt eingriff, um dadurch die Herrschaft über diese Stadt an sich zu reißen. Demgegenüber läßt Schaefer durch eine genaue Interpretation des Dekrets deutlich werden, daß die Interessen des Bundes noch die Interessen Athens überwogen. Das aber war Kimons Werk, in dessen Zeit auch das angezogene Dekret fällt (zwischen 470 u. 460). Erst nach Kimons Ausscheiden aus der Politik drangen die eigensüchtigen Tendenzen Athens durch. Anders als Schaefer ist L. J. Highby, a. a. O., 32 u. 99 ff. der Ansicht, daß die Einrichtung der Demokratie in Erythrai mit der Aufnahme in den delisch-attischen Seebund verknüpft war. Aber auch er gibt zu (23), daß Erythrai als gleichberechtigte Stadt behandelt wurde. Vgl. auch Berve, GG, 1, 270. Sicher ist zweifelsohne, daß sich das Verhältnis zwischen Athen und den Bundesgenossen in dieser Zeit grundsätzlich noch nicht geändert hatte. Diese Anschauung wird bestätigt durch W. Kolbe (Die Anfänge der attischen Arché, Hermes 73, 1938, 249 ff.), der, im besonderen Hinblick auf Kimons Wirken (265 f.), aus seinen Untersuchungen den richtigen Schluß zieht, „daß Athen auch mit den Bestim-

der unparteiischen und gerechten Einschätzung der Beiträge der Bundesgenossen (Plut. Arist. 24), die Aristeides vornahm und die ihm bei den Zeitgenossen den Namen des Gerechten eintrug (Hdt. 8, 79. 95; Aischylos Sept. 575, dazu Plut. Arist. 3). Das aristokratische Verhältnis von Führer und Gefolgschaft war von den beiden aristokratischen Männern auf Athen und die Bundesgenossen übertragen worden; Athen wurde „der Hegemon der Symmachie, der Führer einer freiwilligen Gefolgschaft“ [94].

Die Machterweiterung Athens sollte nach der Ansicht der aristokratischen Politiker nicht zu einem Gegensatz zu Sparta führen. Schon das Eintreten für die Autonomie der griechischen Städte brachte die aristokratische Politik Sparta nahe. Nur mit Erlaubnis Spartas wurde Pausanias aus Byzanz vertrieben (Diodor 11, 44 ff.). Sparta wurde, wenn nun auch Athen einen eigenen Bund um sich scharte, als Führer des Hellenenbundes anerkannt. Es erfolgte kein Austritt Athens aus diesem Bunde. D a s B l i c k w e n d e n n a c h S p a r t a ist ein ganz besonders charakteristisches Merkmal der aristokratischen Politik und ihrer Führer. Themistokles schrack vor der Notwendigkeit einer Auseinandersetzung mit Sparta nicht zurück (Thuk. 1, 90 ff.; Plut. Themist. 19. 20. vgl. Themist. 11). In den Zielsetzungen der aristokratischen Männer jedoch lag ganz und gar nicht der Gedanke einer feindlichen Begegnung mit Sparta. Und dieses empfand auch die aristokratische Politik nicht als gegen sich gerichtet (Thuk. 1, 95, 7; Plut. Kimon 16). Den Aristokraten lag eine gewisse Hinneigung zur Stadt am Eurotas im Blute. Der spartanische Kosmos hatte in seiner ganzen Zusammensetzung und Eigenart, wie wir noch deutlicher sehen werden, etwas Anziehendes für die aristokratische Schicht Athens. Wir finden keinen Führer der aristokratischen Politik Athens ohne spartafreundliche Züge. Erinnern wir uns an Isagoras, an Miltiades. Denken wir an Aristeides selbst, der Lykurgos als Vorbild und Muster verehrte [95] und gerne mit Sparta zusammenarbeitete (Plut. Arist. 10). Nicht anders ist es dann bei Kimon und Thukydides. Doch geht diese Rücksichtnahme auf Sparta und seine Bewunderung keineswegs auf Kosten Athens, am wenigsten bei Aristeides (Vgl. Thuk. 1, 91, 3; Plut. Arist. 13).

Die Gesichtspunkte und Richtlinien, nach denen sich die aristokratische Politik betätigte, konnten wir nur darstellen an Hand der führenden Persönlichkeiten. Das macht deutlich, daß diese Richtlinien kein von vornherein festgelegtes „Parteiprogramm“ waren, daß die antidemokratische Bewegung keine „Partei“ darstellte [96]. Eine solche wollten

---

mungen des Erythraidekrets der Souveränität der Gliedstaaten nicht zu nahe trat“ (263), und das, obwohl Kolbe für eine spätere Datierung des angezogenen Dekrets (zw. 453/52 u. 450/49) eintritt (255).

[94] H. Nesselhauf, Untersuchungen zur Geschichte der delisch-attischen Symmachie, Klio Beiheft 30, NF. 17, 1933, 1. Vgl. H. Schaefer, Staatsform u. Politik, 157.

[95] Plut. Arist. 2. Vgl. dazu W. Oncken, Die Staatslehre d. Aristot. 1, 233 ff.

[96] Zu dieser bewußten Auseinanderhaltung von Zielsetzungen, Merkmalen und Parteiprogramm s. V. Ehrenberg, Ost u. West, 63 f., der hervorhebt,

und konnten die aristokratischen Politiker nicht schaffen. Maßgebend war für sie in erster Linie die Erringung und Behauptung einer persönlichen Machtstellung. Das läßt die Verfassungskämpfe deutlich als Mittel, nicht als Endzwecke erscheinen. In diesem Sinne handelten die führenden Männer nicht nur der aristokratischen, sondern auch der demokratischen Politik, nicht nur die großen Männer Athens, sondern auch Spartas [97]. Thukydides der Geschichtschreiber selbst wurde von dem blendenden Glanze dieser Persönlichkeiten angezogen. In dem kurzen Bericht über die Pentekontaetie (1, 89—117) schildert er ausführlich eine Persönlichkeit aus der demokratischen Stadt Athen, Themistokles, und einen Mann aus der oligarchischen Stadt Sparta, Pausanias. In Athen aber blieb keinem der nach Herrschaft strebenden Männer das Schicksal der Verbannung oder der Ausscheidung aus der Polis erspart. Das Gemeinwesen ertrug die übermächtige Führerpersönlichkeit nur, wenn sie in ihrem Sinne wirkte. Es war natürlich, daß die antidemokratischen Führer letzten Endes einmal mit dem Machtwillen der demokratischen Polis in Konflikt geraten mußten. Der Begriff antidemokratisch schließt daher als tiefsten Sinn und zugleich als belastendes Erbe das Herrschaftsstreben der fürstlichen Persönlichkeiten aristokratischer Herkunft und Denkweise in sich.

Das sehen wir auch an dem Ausgang der persönlichen Auseinandersetzungen zwischen Aristeides und Kimon einerseits und Themistokles andererseits. Der Lykomide, der sein Genie als einzige Waffe im innerpolitischen Kampfe besaß (Thuk. 1, 138), war, wenn wir einen in rein römischer Sphäre entstandenen Begriff mit Vorsicht auf das griechische Leben übertragen wollen, ein homo novus. Er war seinen adeligen Gegnern, die über große Tradition, Reichtum, Ansehen, Beliebtheit verfügten, nicht gewachsen. Immer mehr wurde er in dem Jahrzehnt nach Salamis, trotz aller Bemühungen sich zu halten, in den Hintergrund gedrängt und schließlich um das Jahr 470 durch das Scherbengericht aus dem Felde der Politik geschlagen. Der erbitterten persönlichen Gegnerschaft ist es zuzuschreiben, daß er nach seiner Verbannung wegen angeblich hochverräterischer Zusammenarbeit mit Pausanias, worauf Sparta in Athen hinwies, mit Acht und Todesstrafe belegt wurde, der er sich allerding durch Flucht entzog (Thuk. 1, 135 ff.). Mit Themistokles war die treibende Kraft der demokratischen Tendenzen ausgeschaltet. Aristeides und Kimon waren die unbestrittenen Führer. Die antidemokratische Politik hatte die Leitung.

---

daß „zu den größten Schwierigkeiten der historischen Darstellung die richtige Benennung der Dinge gehört, denn ein falscher Name bedeutet eine Verfälschung der Sache“.

[97] Für die letzteren vgl. Berve, GG, 1, 264 u. ders., Antike 12, 1936, 23 ff. Zum Ganzen s. auch G. Strohm, Demos u. Monarch, Stuttgart 1922, 25 ff.

IV. KIMON

Die antidemokratische Strömung unter Führung Kimons

Kurz nach der Verbannung des Themistokles war Aristeides gestorben (Plut. Arist. 26). Die Führung der aristokratischen Politik übernahm Kimon, der Sohn des Miltiades und der thrakischen Königstochter Hegesipyle. Die Verbindung der Erbmasse des Philaidengeschlechtes mit frischem nordischen Blute, wie es den Thrakern damals noch viel mehr eigen war als den Griechen [98], scheint sich in seiner Person sehr gut ausgewirkt zu haben [99]. Er wird uns geschildert als vornehmer Aristokrat von bezauberndem Wesen [100]. Durch Familientradition, Vermögen, Gesinnung und Fähigkeiten war er zum aristokratischen Führer bestimmt (Plut. Kimon 5). Nach allgemein aristokratischer Anschauung war es natürlich, daß er in der Politik die Linie seines Vaters fortsetzte [101]. Neben und mit Aristeides hatte er seit seinem ersten Auftreten im Jahre 479 (Plut. Arist. 10) die uns bekannten Zielsetzungen der aristokratischen Politik verfolgt. Nach des Aristeides Tode wußte er sich als Führer im innerpolitischen Leben zu behaupten. Durch eine zeitgemäße, den politischen Verhältnissen Rechnung tragende Umgestaltung und Anwendung der bisherigen antidemokratischen Forderungen sicherte er der aristokratischen Politik neue Schlagkraft.

Eine weitere Demokratisierung suchte er zu verhindern nicht so sehr durch Unterdrückung des unternehmungslustigen Volkes von Athen (s. Aristot. Pol. 8, 1341 a 28) als durch Beschäftigung und Ablenkung dieser nach Betätigung verlangenden Kräfte nach außen. Als geborener Soldat und Haudegen griff er dabei auf die Politik seines Vaters zurück

---

[98] Vgl. G. Kazarow, RE 6 A, 402; Reche, Thraker, Reallex. d. Vorgeschichte (Ebert), 13, 298; H. Günther, Rassengesch. d. hell. u. d. röm. Volkes, 61.

[99] Eine ähnliche Erscheinung läßt sich bei manch anderen Großen der hellenischen Geschichte aufzeigen wie bei Thukydides dem Geschichtsschreiber, dessen Vater wahrscheinlich ein Nachkomme des thrakischen Königs Oloros war (Busolt, GG, 3, 2, 618 ff.); bei Themistokles, dessen Mutter nach der Grabinschrift eine Thrakerin war (U. Kahrstedt, RE 5, 1686); bei Aristoteles, dessen Vorfahren in Stagira alteingesessen waren (Gercke, RE 2, 1012); bei Antisthenes, dessen Mutter Thrakerin war (Natorp, RE 1, 2538); bei Demokrit, der aus dem thrakischen Abdera stammte (Wellmann, RE 5, 136); auch Protagoras, Eumolpos, Orpheus, Thamyris, Musaios, Polygnot, Paionios u. Alkamenes könnte man hier nennen.

[100] Hauptquelle ist Plut. Kimon. Zu dessen Quellen s. E. Meyer, Forsch. 2, Halle 1889, 1 ff. und die Arbeit von W. Graf Uxkull Gyllenband, Die Quellen in Plutarchs Kimon, Diss. Heidelberg 1923. Die Persönlichkeit Kimons erfährt weder in der Antike noch in der Moderne eine einheitliche Beurteilung, vgl. Swoboda, RE 11, 440 u. Walker, CAH 5, 49. Doch überwiegen bei weitem die guten Züge seines Bildes. Was Ungünstiges von ihm berichtet wird, hat meist geringen Quellenwert. Besonders gilt dies für Nachrichten aus der Jugendzeit (Plut. Kimon 4), vgl. Uxkull, a. a. O., 13 f.

[101] Vgl. W. Haedicke, Die Gedanken der Griechen über Familienherkunft und Vererbung, Diss. Halle 1936, 34 ff.

und proklamierte den Kampf gegen die Perser [102]. Die erhöhte Bedeutung, die er dabei den Hopliten zukommen ließ [103], verrät uns auch jetzt noch das Fortleben der uns schon mehrfach gesicherten aristokratischen Anschauung über die Bedeutung des Hoplitenheeres. Der Kampf sollte ferner aus der panhellenischen Gesinnung heraus geführt werden, wie sie den Adelstraditionen entsprang und in der Zeit der Perserkriege allgemein erweckt worden war. Damit war ein drohender Auseinanderfall der gemeinhellenischen und speziell athenischen Interessen vermieden. Damit war auch der Eifersucht Spartas, des Führers des Hellenenbundes, mit dem Kimon in gutem Einvernehmen bleiben wollte, der Grund genommen. Zugleich war der Zweck des delisch-attischen Seebundes gewahrt, wenn auch Athen zuweilen gezwungen war gegen die Autonomie der Städte vorzugehen (vgl. Anm. 93). Kimons Zielsetzung überbrückte die verschiedensten Schwierigkeiten und fand allgemeine Anerkennung.

Der Unterstützung des Adels war er sicher. Kimons Wollen bedeutete eine Weiterführung der bisher von der aristokratischen Politik eingeschlagenen Linie. Alle früher vorgebrachten Forderungen waren in einen inneren Zusammenhang gebracht. Die altbewährte Tüchtigkeit des ruhmreichen Philaidenhauses, die sich in dem Sohne des Marathonsiegers glanzvoll verkörperte, schien diesen Bestrebungen Erfolg zu verbürgen [104]. Auch die übrigen Schichten folgten der Führung des aufgeschlossenen, bezaubernden adeligen Mannes gerne. Schien er doch auch den heiligen Traditionen des athenischen Staates entgegenzukommen, indem er die Gebeine des Theseus, des sagenhaften Neugründers der Stadt [105], der seit der Zeit der Peisistratiden zum Nationalheros geworden war [106] und auf den man den Ursprung der Demokratie zurückführte [107], nach Athen zurückbrachte und in einem von ihm gestifteten Heroon beisetzte [108]. In dem Philaiden war das altaristokratische Volks- und Staatsgefühl lebendig, das aus der Verbundenheit mit dem Boden

---

[102] Bisher war die äußere Politik des delisch-attischen Seebundes nicht besonders aktiv gegen die Perser gerichtet gewesen, wenn auch der Kampf gegen die Perser ursprünglich alleiniger Zweck des Bundes war, worauf neuerdings L. J. Highby, The Erythrae Decree, 77 hingewiesen hat. Erst unter Kimon setzte eine energische Offensive ein, vgl. A. v. Domaszewski, Die attische Politik in der Zeit der Pentekontaetie, Sitz.-Ber.-Heidelb.-Ak. 15, 4, 5 ff., 8 ff. u. Berve, GG 1, 260.

[103] Plut. Kimon 12. 13. Dazu H. Willrich, Perikles, 90 u. Kromayer-Veith, a. a. O., 164 ff.

[104] Über Vererbung körperlicher Merkmale und geistig-sittlicher Eigenschaften vgl. W. Haedicke, a. a. O., 28 ff. S. auch D. Loenen, De nobilitate apud Athenienses, a. a. O., 208 ff.

[105] W. Judeich, Topographie der Stadt Athen (Handb. der kl. Altw. 3, 2, 2), 56 f.

[106] O. Kern, Die Religion der Griechen, Berlin 1935, 2, 89 ff.

[107] K. Jost, Das Beispiel und Vorbild der Vorfahren (Rhetor. Studien, hrg. von E. Drerup, 19) 1936, 129.

[108] Plut. Kimon 8. Thes. 36. Gegen F. Pfister, Reliquienkult, 198 ff., der die Überführung des Theseus für unhistorisch erklärt, hat neuerdings Uxkull, a. a. O., 68 Stellung genommen.

der Heimat und den in ihm ruhenden großen Toten entsprang [109]. Dieses Gefühl der Bildung an den Heimatboden durch die toten Vorfahren eines Geschlechts ging Athen nie verloren [110]. Der gewaltige Anklang, den die Tat des Philaiden fand, zeigt, daß dieses Volks- und Staatsgefühl in weiten Kreisen Athens vorhanden war, besonders bei denen, deren Grundlage agrarisch fundiert war [111]. Die stets auf das attische Land gerichtete aristokratische Richtung der Politik erfährt hier eine Erklärung aus dem Gebiet altaristokratischer religiöser Anschauungen.

Die Tat Kimons bildete auch einen Höhepunkt und gewissermaßen einen Abschluß der durch die Perserkriege hervorgerufenen religiösen Erhebung [112]. Der Heros Theseus hatte vor alters den Sieg über die dunklen Mächte der Barbaren davongetragen, hatte nach der Anschauung der Athener bei der großen Auseinandersetzung zwischen Hellenentum und Barbarentum im Jahre 490 schützend auf Seite der Athener gestanden und wurde jetzt folgerichtig Vorbild für Kimon, der die Notwendigkeit eines Kampfes gegen Persien erneut betonte. Ein Heros zu werden aber war einem Menschen möglich, zumal wenn er, wie Kimon selbst, von einem Heros abstammte. Das den aristokratischen Geschlechtern eigene Selbstbewußtsein und Kraftgefühl kommt hier zum Ausdruck. Theseus war ein idealer Fürst gewesen, ein Heros, der einem Aristokraten Vorbild und Ansporn sein konnte, sich durch Verdienste um den Heimatboden und das Vaterland zu gleicher oder ähnlicher Höhe zu erheben. So widmete Kimon seine ganze Kraft dem Dienste des Ganzen und der nun wieder in heimatlicher Erde ruhende Heros verlieh nach griechischer Anschauung solchem Streben seine Hilfe [113].

Auch sein fürstliches Vermögen (Aristot. A. P. 27, 3) schien Kimon nur zu dem Zwecke zu besitzen, um die Stadt mit Anlagen und Bauten zu verschönern (Plut. Kimon 13) und den armen Bürgern seine freigebige Hand zu leihen (Plut. Kimon 10; Aristot. A. P. 27). Die gewinnende aristokratische Persönlichkeit Kimons ließ sein persönliches Machtstreben, das zudem ganz anders an die Polis gebunden war als bei seinem Vater, vergessen. Sogar das Geschlecht der Alkmaioniden wußte der Philaide vorübergehend für sich zu gewinnen. Wie einst nach aristokratischem Brauch Miltiades „in seinem Herrschaftsstreben Hegesipyle zur Frau nahm“ (Marcellin. Vita Thukyd. 11), so verstand er es auch, sich durch die Heirat mit Isodike (Plut. Kimon 16), der Tochter des Alkmaioniden Euryptolemos (J. Kirchner, Pros. Att. nr. 7712) zum wenigsten die Duldung seiner Politik von seiten des Alkmaionidenhauses, das seinem Machtstreben besonders gefährlich zu sein schien, zu gewin-

---

[109] Vgl. Wilamowitz-Möllendorff, Glaube der Hellenen, Berlin 1932, 2, 17 u. Haedicke, a. a. O., 62 f.

[110] vgl. E. Bethe, Ahnenbild u. Familiengeschichte bei Griechen u. Römern, München 1935, 39.

[111] Besitz einer Familiengruft z. B. galt als notwendige Voraussetzung zur Bekleidung des Archontenamtes (Aristot. A. P. 55. 3). Im Theseus-Bezirk vollzogen die Thesmotheten die Beamtenlosung (W. Judeich, a. a. O., 313).

[112] Vgl. O. Kern, Religion d. Gr., 2, 255 f.

[113] Vgl. E. Bethe, a. a. O., 23.

nen. Die Heirat der Elpinike, der Schwester Kimons, mit Kallias (Plut. Kimon 4), dem Sohne des Hipponikos, dem Vertreter des altehrwürdigen eleusinischen Priestergeschlechts der Keryken (J. Kirchner, Pros. Att. nr. 7825), brachte die Unterstützung von seiten dieses großen und reichsten Geschlechts Athens [114].

So errang sich Kimon kraft seiner persönlichen Werte die Stellung des Volksführers und damit die Anerkennung der von ihm vertretenen Politik. Eine Auswirkung dieser persönlichen Führerstellung war es, daß er Jahr für Jahr, von 478/77 bis 462/61, zum Strategen gewählt wurde. Und da er es verstand, dieses schwierige Instrument, das die Strategie darstellte, in hervorragender Weise für seine Politik zu gebrauchen, war er der tatsächliche Führer (vgl. Aristot. Pol. 1305 a 7) in Athen, wenn dieses auch dem Namen nach eine Demokratie war. Es war gerade das Bezeichnende an der politischen Führung Kimons, daß ihr antidemokratischer Charakter nicht unliebsam hervortrat. Doch ist er in den Zielsetzungen Kimons von je enthalten [115] und wurde nur deshalb nicht sogleich deutlich, weil auf der Gegenseite kein Mann stand, der demokratrische Tendenzen energisch vertreten hätte. So beherrschte Kimon und mit ihm die antidemokratische Richtung der Politik bis in die 60er Jahre hinein unbestritten das Feld [116]. Den Doppelsieg am Eurymedon in Pamphylien können wir als die Krönung der kimonischen Politik bezeichnen (Thuk. 1, 100).

Da zeigt uns ein Prozeß des Jahres 463, daß neue Gegnerschaft am Werke war (Plut. Kimon 14. Per. 10; Aristot. A. P. 27, 1). Die Anklage besagte, daß Kimon, vom Makedonenkönig Alexandros bestochen, einen möglichen Einfall in dessen Land unterlassen habe. Der Vorwurf war völlig unbegründet. Solche Anklagen wegen Bestechung oder schlechter Amtsführung gehören zu den Kampfmitteln des innerpolitischen Lebens, wie es in anderem Zusammenhange bereits Plutarch (Per. 31) festgestellt hat mit den Worten: „sie machten einen Versuch mit ihm.“ Dieser Versuch, dieser Angriff auf Kimons Machtstellung ging aus von der in der oftmaligen Abwesenheit des aristokratischen Führers entstandenen (Plut. Per. 7) Gruppe um Ephialtes und Perikles, die in ihren Zielsetzungen sich direkt an Themistokles anschlossen. Damit erneuerten sich die alten Gegensätze, die durch Kimon bisher überbrückt worden waren. Die demokratischen Männer wollten konsequente Ausgestaltung

---

114 Solche politische Heiraten mit dem Zweck einflußreiche Verbindungen herzustellen, kennt die alte wie die neue Zeit. Vgl. die Aufzählung bei U. Kahrstedt, Staatsgeb. u. Staatsang. in Athen, 61, allerdings in anderem Zusammenhange, sonst hätte er besser die oben angeführte Verbindung mit Isodike genannt. S. auch Walker, CAH 5, 47 f. Diese für die Politik maßgebenden verwandtschaftlichen Bande verkennt Willrich, a. a. O., 96.

115 Plut. Kimon 15. S. Berve, Antike 12, 1936, 21: „konservative Reaktion“.

116 Der Einwand A. Rosenbergs, Hermes 53, 1918, 312, Kimon könne kein Führer der Aristokraten gewesen sein, da er jahrelang zum Strategen gewählt worden sei, also mit dem Volk zusammengearbeitet habe, bezeugt eine Verkennung der Eigenart des politischen Lebens in Athen. Dann hätte es in unserem Zeitraum überhaupt keine Führer der aristokratischen Politik gegeben! Vgl. auch Walker, CAH 5, 48.

der attischen Demokratie und des attischen Reiches. Die antidemokratische Politik und ihr Führer vertraten konservative Zielsetzungen [117]. Es war aber im Grunde nicht Kampf um Prinzipien, sondern Kampf zwischen Männern (Plut. Per. 7). In seiner Verteidigungsrede gab Kimon entsprechend dem politischen Charakter des Prozesses neben der Widerlegung der Anklagepunkte — was wir annehmen müssen — auch eine Darlegung und Rechtfertigung seiner politischen Grundsätze, die uns Plut. Kimon 14 (nach Theopomp) erhalten hat.

Der Philaide gab einmal offen zu, daß er eine Politik der Mäßigung vertrete, für die ihm die Spartaner Vorbild seien. In dieser Blickwendung nach Sparta deckte sich Kimon mit der traditionellen Haltung des Hauses der Philaiden (vgl. Miltiades; s. Plut. Per. 29) und nicht weniger anderer adeliger Geschlechter, wie etwa des gesellschaftlich und politisch einflußreichen Hauses der Keryken [118]. Die Orientierung nach Sparta entsprang aber vor allem der persönlichen Haltung Kimons, wofür uns Plutarch reiche Züge bietet. Schon Kimons ganze Art war nach Stesimbrotos bei Plut. Kimon 4 die eines Peloponnesiers. Im Kampfe gegen Themistokles hatte er die Sympathien Spartas auf seiner Seite (Plut. Kimon 16). Er zeigte eine Vorliebe für die lakedaimonische Verfassung (Plut. Kimon 10) und für lakedaimonische Haltung, auf die er seine Mitbürger oft hinwies (Plut. Kimon 16). Einem seiner Söhne gab er den Namen Lakedaimonios [119] und schließlich war er selbst, wie er in dem genannten Prozeß sagte, spartanischer Proxenos (Plut. Kimon 14), also durch ein persönliches Freundschafts- und Gastverhältnis mit dem spartanischen Staat verbunden. Im Laufe des 5. Jahrh. entwickelte sich die Proxenie immer mehr zu einem Mittel, mit dem Sparta einen indirekten Einfluß auf die innerpolitischen Verhältnisse in Athen auszuüben versuchte [120]. Für die erste Hälfte des 5. Jahrh. trifft dies noch nicht zu, denn auch Perikles war spartanischer Proxenos (Thuk. 2, 13). Auch der Philaide sprach deutlich aus, daß sich mit seiner Vorliebe für Sparta der glühendste Patriotismus und die tiefste Liebe für Athen verbinde [121]. Er wies dabei auf seine Taten hin, die ausnahmslos der Größe und Macht Athens gedient hatten. Die Anklage fiel (Plut. Kimon 16). Aber die Gegner blieben.

Die wohlwollende Haltung gegen Sparta, schon stets in den Zielsetzungen der antidemokratischen Politik enthalten, von Kimon aber besonders betont, hatte neben anderem ihren tiefen Grund in der Erinnerung an die Waffenbrüderschaft in den Perserkriegen. Das zeigte

---

[117] Über die konservativen Zielsetzungen, die die aristokratische Politik bestimmten, und die vorwärts stürmenden Ideen, die in demokratischen Kreisen herrschten, vgl. E. Meyer, Gesch. d. Alt., 3, 1, 553 ff.

[118] Kallias, der führende Vertreter dieses Geschlechts in unserer Zeit, war, wie sein Vater und seine Ahnen, Proxenos des spartanischen Staates: Xen. Symp. 8, 39; Hell. 5, 4, 22. 6. 3, 4.

[119] Thuk. 1, 45, 2. Vgl. die Ausführungen von W. Judeich, Politische Namengebung in Athen (Epitymbion für Swoboda), Reichenberg 1927, 102.

[120] Vgl. H. Schaefer, Staatsform und Politik, Leipzig 1932, 23 ff.

[121] Plut. Kimon 14. Vgl. F. Ollier, Le Mirage Spartiate, 146.

sich, als die Spartaner sich um Waffenhilfe gegen die aufständischen Heloten an Athen wandten (Thuk. 1, 101. 102)[122]. Das Hilfegesuch mußte zu einer schweren Belastungsprobe für die spartafreundliche Politik des aristokratischen Führers werden. In der Volksversammlung platzten die Meinungen aufeinander (Plut. Kimon 16). Ephialtes wandte sich mit Nachdruck gegen jegliche Hilfeleistung, ebenso entschieden sprach Kimon dafür. Die aristokratischen Autonomie- und Symmachiegedanken kamen bei ihm zu Wort. Im Interesse Griechenlands und Athens bezeichnete er eine Teilung der Führerstellung zwischen Athen und Sparta als das außenpolitische Merkmal der von ihm vertretenen Politik. Mittels eines anschaulichen Bildes verstand er das der Menge klar zu machen: er warnte zuzulassen, daß Griechenland lahm und Athen seines Nebenrosses beraubt werde. Es sollte also in Griechenland das politische Gleichgewicht erhalten bleiben. Über die innerpolitischen, antidemokratischen Erwägungen, die Kimon zu seiner Haltung bestimmten, wird er wohl geschwiegen haben. Es war nochmals ein Sieg seiner Persönlichkeit, daß er durchdrang, ebenso wie er zuvor von der Anklage freigesprochen worden war.

Aber die außen- und innenpolitischen Grundlagen für das Wirken Kimons und die Führung der aristokratischen Politik waren bereits untergraben. Außenpolitisch war das Aufkommen und Ausfechten des Dualismus mit Sparta eine geschichtliche Notwendigkeit (Thuk. 1, 18). Das sahen nicht nur Männer in Athen, wie Ephialtes und Perikles, sondern auch Sparta handelte bereits in dieser Richtung (Thuk. 1, 101). Und innenpolitisch war die Entwicklung Athens auf den von Themistokles gewiesenen Bahnen weitergegangen, wenn auch langsamer und vorsichtiger. Der Fortschritt der demokratischen Tendenzen war von den führenden Männern der antidemokratischen Bewegung zwar aufgehalten und gehemmt worden, aber ihn ganz zu unterbinden oder auszuschalten hatten sie nicht vermocht. Kimon hatte Themistokles verdrängt. Kimon mußte wieder fallen. Damit soll keine Verurteilung seiner Politik ausgesprochen sein. Die ihm von der Geschichte zugewiesene Rolle war eine Vermittlerrolle und diese Aufgabe hat er völlig erfüllt[123]. Auch die von Kimon vertretenen Grundsätze der antidemokratischen Politik müssen im Hinblick auf den Gesamtstaat als durchaus positive bezeichnet werden.

Der Zusammenbruch der aristokratischen Front geschah schlagartig. Innerpolitisch wurde Kimon der Boden entzogen während seiner Abwesenheit in Sparta. Die völlige politische Degradierung des Arei-

---

[122] Der Führer der Gesandtschaft war Perikleidas (Plut. Kimon 16. Vgl. Aristoph. Lysistr. 1137 ff.), der Vertreter einer Athen freundlich gesinnten Gruppe in Sparta. Sein Sohn hieß Athenaios (Thuk. 4, 119); vgl. Kimons Sohn Lakedaimonios! In Sparta waren also die Ansichten über das Verhältnis der beiden Staaten ebenso geteilt wie in Athen.

[123] Das hat bereits E. Curtius, Die Stadtgeschichte Athens, Berlin 1891, 135 ff. erkannt. Ebenso Walker, CAH 5, 71 f. Vgl. Rostovtzeff, a. a. O., 266 u. Berve, GG, 1, 261. Anders Swoboda in RE 11, 441 u. Wilamowitz-Möllendorff, Aristot. u. Athen, 1, 137 u. E. Hohl, Perikles, 39 f.

opags (Aristot. A. P. 25), der letzten Hochburg des konservativen Elements im Staate, entriß der aristokratischen Politik ihren letzten festen Rückhalt, der als Hort politischer Traditionen stets eine gewisse Kontinuität verbürgt hatte, und öffnete das Tor zu letzten demokratischen Reformen [124]. Kimon selbst aber war in kompromittierender Weise von den Spartanern nach Hause geschickt worden. (Thuk. 1, 102; Plut. Kimon 17). Das alles war nicht angetan seine wankend gewordene Stellung zu stützen. Unter den erbitterten Angriffen der Gegner brach sein Ansehen langsam zusammen. Nach langem innerpolitischen Kampfe (Plut. Kimon 15) wurde er 461 durch das Scherbengericht gezwungen, Athen auf 10 Jahre zu verlassen [125]. Damit war seine Laufbahn als maßgebender Politiker zu Ende. Seine spätere politische Tätigkeit erscheint als bloßes Nachspiel.

Die antidemokratische Bewegung, wie sie in der von Kimon geführten Politik ihren Ausdruck gefunden hatte, war mit ihren Zielsetzungen nicht auf die Dauer durchgedrungen. Bisher hatten sich antidemokratische und demokratische Männer in der Führung des Staates abgelöst. Mit dem Ausscheiden Kimons aus der Politik steht die antidemokratische Bewegung bis an das Ende unserer Untersuchung in der Opposition.

Die antidemokratische Bewegung nach Kimons Sturz

Die antidemokratische Bewegung, wie sie bisher sich in den Zielsetzungen der aristokratischen Politiker zeigte, bildete eine ehrliche und das Wohl des Ganzen nicht außer acht lassende Gegnerschaft gegen die demokratisch gesinnten Männer. Nach deren endgültigem Siege im Jahre 462/61 zeigen uns zwei Ereignisse, wie der Widerstand gegen die demokratische Entwicklung unter der Decke in gefährlichen Formen weiterloderte.

Im Laufe des Zweifrontenkrieges erschien im Jahre 457 ein spartanisches Heer in Mittelgriechenland und rückte nach Tanagra in Boiotien hart an die Grenze Attikas vor. Der spartanische Heerführer Nikomedes hoffte auf Unterstützung athenischer Demokratenfeinde. Eine Gruppe von Athenern hatte sich mit ihm ins Benehmen gesetzt, in der Hoffnung, mit Hilfe der spartanischen Waffen die Demokratie zu stürzen und den Bau der langen Mauern zu verhindern. (Thuk. 1, 107, 4) [126]. Die Männer,

---

[124] Wie wenig man den Blick auf eine zusammenhängende antidemokratische Bewegung in der ersten Hälfte des 5. Jahrh. richtete, zeigen die Worte H. Schaefers, Staatsform und Politik, 115 f.: „Man hat . . . nie verwertet, daß die Opposition des Adels . . . erst seit jener Zeit des Sturzes des Areiopags eine aktuelle politische Bedeutung hatte; erst damals glaubte man also Grund zu haben, gegen den neuen Kurs Sturm laufen zu müssen."

[125] Plut. Kimon 10. Per. 9 u. ö., vgl. zur Chronologie Busolt, GG, 3, 1, 258, 1 und Miltner, RE 19, 752 u. A. v. Domaszewski, Die att. Politik in d. Zeit d. Pentekontaetie, Sitz.-Ber.-Heidelb.-Ak. 1925, 11.

[126] Willrich, Perikles, 104 will diesen Bericht einfach athetieren. Daß Thukydides aber nur ein „Gerücht" wiedergegeben haben soll, erscheint bei der

die gegen diesen Mauerbau waren, der Athen zu einem vom Lande aus mit dem Hoplitenheer unangreifbaren Festungskomplex machen sollte, mußten Kreisen angehören, die mit der maritim-demokratischen Entwicklung Athens nicht einverstanden waren, die es lieber sehen wollten, daß Athen ein so starkes Hoplitenheer behielt, daß es sich zu Lande auch gegen Sparta selbst verteidigen konnte.

Eine solche Forderung aber, entsprungen aus der antidemokratischen Anschauung, daß der Staat militärisch auf dem Hoplitenheer beruhen solle, konnten nur Männer erheben, die bereits in so radikaler Gegnerschaft gegen die Demokratie standen, daß sie nicht zauderten, mit Hochverrat ihre Pläne zu erreichen. So zeigt sich plötzlich das Vorhandensein und Wirken einer radikalen antidemokratischen Gruppe mit dem Ziel: Sturz der Demokratie mit Hilfe Spartas. Diese Gruppe von Oligarchen, die in der Anwesenheit des spartanischen Heeres eine Gelegenheit zur Erreichung ihrer Ziele sahen, werden sich gewiß schon länger zusammengefunden haben. Die Form ihres Zusammenschlusses mag, wie Calhoun a. a. O., 144 annimmt, eine Hetairie gewesen sein.

Schon nach dem Ostrakismos des Kimon können wir die Tätigkeit einer solchen radikalen Gruppe von Antidemokraten beobachten. Ephialtes, der Führer der demokratischen Richtung, wurde gegen Ende des Jahres 461 durch Meuchelmord aus dem Wege geräumt (Aristot. A. P. 25). Der Mörder selbst, nach Aristot. ein gewisser Aristodikos aus Tanagra, nach Antiphon 5, 68 unbekannt, war nur eine vorgeschobene Person. Der Verdacht der Mordstiftung richtete sich naturgemäß gegen die aristokratischen Kreise (Plut. Per. 10; Diodor 11, 77), die in Ephialtes ihren größten Feind sahen (Plut. Per. 10. Aristot. A. P. 25). Diese aber erhoben gegen Perikles den Vorwurf, er habe Ephialtes aus Neid über seinen Einfluß aus dem Wege räumen lassen (Idomeneus von Lampsakos bei Plut. Per. 10).

Allgemein die aristokratische Gruppe, die Kimon vertreten hatte, als Anstifter des Mordes zu betrachten, geht nicht an. Wir tun besser, in diesem Vorgang das Wirken einer radikalen Schar von Antidemokraten zu sehen, die, erbittert über die Niederlage der aristokratischen Politik, wozu Ephialtes besonders beigetragen hatte (Aristot. A. P. 25), sich in einer Hetairie zusammenschlossen, um von hier aus den unterirdischen Kampf gegen die Demokratie und ihren Führer zu eröffnen, wie er diesen Geheimklubs eigen war. Daß es nur eine Gruppe von Adeligen war, die in Ephialtes wegen seines gerichtlichen Vorgehens gegen sie ihren persönlichen Feind sahen, läßt der Bericht bei Plut. Per. 10 ersehen. Diese Gruppe von radikalen Antidemokraten dürfen wir mit Kimon und seinen Anhängern nicht einfach in Beziehung bringen [127]. Zwar waren auch diese in den Verdacht des Lakonismos — des hochverräterischen Zusammenarbeitens mit Sparta (vgl. unten) —

---

historischen Akribie dieses Geschichtsschreibers kaum glaublich. Er bringt ja auch z. B. von den vielen Gerüchten, die besonders bei Ausbruch des peloponnesischen Krieges sich um Perikles rankten, kein Wort.

[127] Gegen H. Büttner, Geschichte der politischen Hetairien, Leipzig 1840, 31.

gekommen (Plut. Per. 10. Kimon 17), in der Schlacht bei Tanagra jedoch reinigten sie sich, obwohl es Kimon nicht vergönnt war, mitzufechten, in glänzender Weise von diesem Verdacht [128]. Auch sonst war der Adel im athenischen Aufgebot sehr zahlreich vertreten und erlitt in tapferem Kampfe überaus große Verluste. Die athenische Aristokratie stand, trotz ihrer allgemeinen Gegnerschaft gegen die Demokratie, Schulter an Schulter mit den Demokraten zusammen, wenn es gegen den äußeren Feind ging. Dasselbe Verhalten hatte Aristeides schon bei Salamis an den Tag gelegt.

Von einem hochverräterischen Zusammengehen Kimons und seiner Gruppe mit Sparta kann also keine Rede sein. Nur eine radikal oligarchische Gruppe hatte Verbindung mit dem Feinde gesucht. Möglich ist allerdings, daß die Mitglieder dieser Gruppe vordem zu den Anhängern Kimons gehört hatten. Die Ausschaltung der aristokratischen Politik und ihres Führers von der leitenden Stelle im Staate mußte unter den Aristokraten eine Scheidung der Geister herbeiführen. Wer in ehrlicher und offener Opposition gegen die Demokratie und ihre Führer stand, konnte ohne Bitterkeit unter Zurückstellung der persönlichen Gegensätze mit den Demokraten zusammengehen gegen den äußeren Feind. Wer aber engstirnige, egoistische Politik trieb, konnte sich wohl in der Erbitterung bis zum Hochverrat versteigen.

Diese Entwicklung spiegelt auch der Bedeutungswandel des Wortes *λακωνίζειν*, *λακωνισμός* wider. Plutarch gebraucht es an der angezogenen Stelle (Kimon 17. Per. 10) in der Bedeutung eines hochverräterischen Zusammenarbeitens mit den Spartanern. Erst in den Auseinandersetzungen des 5. Jahrh., besonders nach Kimon, erhält Lakonizein diese Bedeutung. Zuvor verstand man unter Lakonizontes Freunde und Bewunderer Spartas schlechthin. Diese Bewunderung und Idealisierung Spartas — Le Mirage, wie es F. Ollier, Le Mirage Spartiate, Paris 1933, den wir im folgenden großenteils zugrunde legen, nennt, — hat eine lange Geschichte. Schon in der Ilias (3, 213—215) findet der Spartaner Menelaos wegen seiner Haltung als Soldat und wegen seiner Schlagfertigkeit Bewunderung. Die Dichter des 7./6. Jahrh. bringen immer wieder eine Verherrlichung Spartas, wie Alkman (fr. 100 Diehl), Terpandros (fr. 4 Diehl) oder Tyrtaios (fr. 3. 4. Diehl u. ö.), um nur einige zu nennen. Sparta, die Stadt ohne Mauern, ist allgemein, ohne Nebengedanken, wegen seiner militärischen Tüchtigkeit Gegenstand der Bewunderung. Diese Art der Bewunderung klingt nach bei Herodot, wenn er die Heldentaten der Spartaner in den Freiheitskämpfen mit glänzender Erzählungskunst unterstreicht (s. bes. 7, 234. 101—104. 209).

Bereits in das Gebiet der Politik weist die Bewunderung des Theognis, der für das aristokratische Regime Spartas Vorliebe zeigt (fr. 785. 1087 Diehl) und Pindars, der wiederholt die Festigkeit und Ordnung der Ge-

---

[128] Plut. Per. 10. Kimon 17. Quelle nach Busolt, GG, 3, 1, 313, 5 Stesimbrotos. Dagegen nimmt Uxkull-Gyllenband, a. a. O., 74 als Quelle die Atthis des Philochoros an. Beloch, GG 2, 2, 210 spricht hier Plutarch Glaubwürdigkeit ab, s. dazu E. Meyer, Gesch. d. Alt., 3, 596.

setze des spartanischen Staates preist [129]. Es sind vornehmlich die Aristokraten, die sich seit alters als eine zusammenhängende, über ganz Griechenland verbreitete Herrenschicht fühlen und aus dieser allgemein aristokratischen Denkweise heraus die Blicke auf die aristokratisch festgefügte Stadt am Eurotas richten. Dazu hat wahrscheinlich auch ein gewisses Rassegefühl unbewußt mitgewirkt.

Um wieviel mehr mußte es der Fall sein in der Stadt, die sich zu einem demokratischen Gegenpol des aristokratischen Sparta entwickelte! So beginnen die Quellen uns seit der Wende des 6./5. Jahrhunderts eine Vorliebe der athenischen Aristokraten für Sparta zu zeigen. Fast alles, was antidemokratisch war und antidemokratisch dachte, wandte seinen Blick nach Sparta. Dort war der Typus der aristokratischen Staatsform zu finden, dort war Festigkeit und Sicherheit, dort herrschten die Gesetze der Vergangenheit, Sitte, Zucht und Ordnung, kurz, dort war Eunomia [130], dort stand das uneinnehmbare Bollwerk gegen das Überhandnehmen des demokratischen Gedankens in ganz Griechenland. Daneben imponierte nach wie vor die militärische Form des spartanischen Kriegerstaates. Ja diese Bewunderung stieg noch. Beruhte doch Spartas Wehrmacht ausschließlich auf dem Hoplitenheere, das den Ruf seiner Unbesieglichkeit erst jüngst wieder in den Perserkriegen gerechtfertigt hatte. So wandten sich alle Geister, die mit der in Athen eingeschlagenen Entwicklung irgendwie nicht einverstanden waren, in ihren Gedanken gen Sparta [131]. Das Wort Lakonizein erhält politische Färbung. Es wird gebraucht für Leute, die mit der Bewunderung Spartas die Vorliebe für aristokratische Staatsform verbinden, also für Antidemokraten. Lakonisten waren in der ersten Hälfte des 5. Jahrh. Männer wie Aristeides und Kimon, die ihre Bewunderung für Sparta mit glühendem Patriotismus für Athen zu vereinen wußten, wenn sie auch schon, wie Kimon, das Idealbild der bewunderten Stadt benützten, um der eigenen Stadt eine Lehre zu geben (Plut. Kimon 16). Auch Thukydides der Politiker (s. unten) wie Thukydides der Geschichtsschreiber und Aristophanes gehören zu dieser Gruppe.

Aber nicht alle konnten die Gegensätze überbrücken. Gar manche vereinigten mit der Bewunderung für die mauerlose Stadt am Eurotas gar bald den Verrat an der mauerumgürteten Stadt am Ilissos. Das Treiben solcher Lakonisten sahen wir. So erhält Lakonizein schon in der Mitte des 5. Jahrh., wie wir annehmen müssen, das Odium des Hochverrats. In diesem Sinne geschah — fälschlicherweise, wie wir sahen — der Vorwurf des Lakonismus gegen Kimon und seine Genossen. Nach Kimons und seines politischen Nachfolgers Ausscheiden aus der Politik, eindeutig allerdings erst seit der Zeit des peloponnesischen Krie-

---

[129] S. dazu ausführlich Ollier, 132 ff.

[130] Vgl. auch H. Berve, Sparta (Meyers kl. Handb. 7), 1937, 43. 55. 60. 97 f. Zu Eunomia s. H. Schaefer, Staatsform und Politik, 146 ff.

[131] Über die Gründe der Bewunderung Spartas vgl. auch Lysias Olymp. 7. S. auch W. Oncken, Die Staatslehre des Aristot., Leipzig 1870, 1, 233 f.

ges, bedeutet Lakonizein: hochverräterisch mit Sparta zusammenarbeiten, falls es politisch gebraucht wird.

Denn neben dieser, die politische Gesinnung bezeichnenden Bedeutung, wie sie in der Literatur allerdings zum erstenmal bei Xenophon Hell. 4, 4, 2 u. ö. begegnet, hat das Wort Lakonizein, wiederum seit der Mitte des 5. Jahrh., auch den Sinn — die Spartaner in Tracht und Mode nachahmen, wie es zuerst bei Eupolis (Athen. 1, 17 D) und dann bei den übrigen Komikern häufig erscheint [132]. Die jungen athenischen Aristokraten gefielen sich darin, mit der Nachahmung der spartanischen Tracht — langherabwallendes Haupthaar, kurzer Mantel mit Stock und Schuhen usw. — ihre politische Gesinnung zu verbrämen [133]. Daß dies zuweilen Spott eintrug, verstehen wir. Aber auch bei der aristokratischen Reitertruppe, die an Festen das athenische Volk durch ihre glänzenden Paraden erfreute, war spartanische Tracht üblich. Die Entwicklung und Wandlung des Wortes Lakonizein in der Folgezeit steht nicht mehr zur Untersuchung. Es sei nur hingewiesen auf Plato, „dessen Seele mit unzerreißbaren Banden an Sparta geheftet war" (F. Ollier a. a. O., 290), und aus der Fülle der Späteren auf Plutarch, dessen Spartafreundlichkeit (vita Lycurgi) wir es verdanken, daß wir über den Lakonismos Kimons so gut unterrichtet sind.

Dieser selbst kam, da seine ehrliche, patriotische Gesinnung bei Tanagra, wie wir zuletzt sahen, klar zutage getreten war (Plut. Kimon 17. Per. 10), noch einmal zu kurzdauernder politischer Wirksamkeit. Vielleicht wurde er bald nach diesen Ereignissen zurückgerufen und vermittelte einen vierwöchentlichen Waffenstillstand mit Sparta. Wahrscheinlicher ist, daß er erst nach Ablauf seiner zehnjährigen Verbannungsfrist nach Athen zurückkehrte. Innerpolitisch scheint er sich nicht betätigt zu haben, wie die in ihrer Form zwar unglaubwürdige, ihrem Gehalt nach jedoch richtige Nachricht bei Plut. Per. 10 ersehen läßt. Aber in der Außenpolitik, wo er seine alten Zielsetzungen vertrat, drang er nochmals durch. Er schloß 451 den Waffenstillstand mit Sparta (Thuk. 1, 112; Plut. Kimon 18) und eröffnete mit altem Schwung den Kampf gegen die Perser, der aber mit seinem Tode rasch abgebrochen wurde (Thuk. 1, 112; Plut. Kimon 19).

Als man den toten Helden bestattete, begrub man mit ihm auch die antidemokratische Politik, deren Grundsätze er als Träger altaristokratischer Überlieferungen zum letztenmal hatte positiv vertreten und verwirklichen können. In seiner persönlichen Machtstellung gipfelte der Einfluß der aristokratischen Politik. Nach seinem Tode ist ein deutliches Abbröckeln der antidemokratischen Front zu ersehen. So änderte Myronides, der neben Aristeides und Kimon tätig gewesen war (Plut. Arist. 11. 20), seine Stellung zu Gunsten der demokratischen Politik. Besonders bedeutsam aber war, daß das Haus der Keryken durch Aufgabe der ver-

---

[132] Zu dieser Bedeutung des Wortes s. auch J. Miller in RE 12, 528, wo nur in diesem Sinne von Lakonisten die Rede ist.

[133] Ausführlich Ollier, 31 f. S. auch W. Oncken, a. a. O., 235 f. und W. Weber, Commentatio de Laconistis inter Athenienses, Progr. Weimar 1835, 5 ff.

wandtschaftlichen Beziehungen zum Haus der Philaiden und durch Aufnahme enger Beziehungen zum Haus der Alkmaioniden die Veränderung seiner politischen Stellungnahme dokumentierte [134]. Die antidemokratische Strömung war ohne Führer und damit ohne Einfluß.

V. THUKYDIDES

Festigung der antidemokratischen Strömung bis um das Jahr 445

Der Umschwung des Jahres 462/61 hatte die aristokratische Politik in die Opposition gedrängt. Offenbar haben die vielen äußeren Geschehnisse der darauf folgenden Kriegsjahre den Blick der Geschichtsschreibung von den inneren Vorgängen abgelenkt. Wir hören über ein Jahrzehnt nichts von einer geschlossenen aristokratischen Front. Aber die Zielsetzungen der antidemokratischen Bewegung, wie sie Kimon vertreten hatte, waren noch lebendig und wurden im politischen Leben erneut wirksam, als sie von Thukydides, einem Verwandten Kimons, ergriffen und vertreten wurden (Aristot. A. P. 28, 2).

Die demokratischen Führer hatten mit großem Eifer den Zweifrontenkrieg auf sich genommen. Aber die Erfolge blieben weit hinter den gesteckten Zielen und Erwartungen zurück. Das riesige Unternehmen in Ägypten endete 454 mit einer Katastrophe (Thuk. 1, 110). Der Waffenstillstand von 451 zeugte von großer Erschöpfung (Thuk. 1, 112). Das Abkommen von 448 mit Persien (Thuk. 8, 56, dazu E. Meyer, Forsch. 2, 76) brachte nur eine indirekte Anerkennung des attischen Reiches. Die Rückschläge der Jahre 447 (Thuk. 1, 113) und 446 (Thuk. 1, 114), die gar ein spartanisches Heer bis an die Tore Athens führten, zwangen zum Friedensschluß (Thuk. 1, 115) und damit zur Aufgabe des erstrebten Zieles der Landhegemonie. Dem standen gegenüber die gewaltigen Opfer an Blut, die diese Kriege gefordert hatten (Ditt. Syll. [3] 43: 183 Tote in einem Jahr aus einer Phyle!).

Die Folge war, daß die antidemokratische Opposition an Boden gewann und sich zu einer festen Gruppe formierte. Ein erstes Zeichen ihres Vorhandenseins und ihrer Stärke ist die Anklage gegen den Keryken Kallias wegen des mit Persien abgeschlossenen Abkommens [135], das den panhellenisch gesinnten Aristokraten als ein Mißerfolg und als eine Schande erschien. An der Spitze der aristokratischen Gruppe stand Thukydides, der Sohn des Melesias aus Alopeke (Aristot. A. P. 28, 2; Plut. Per. 8. 11). Er stammte aus vornehmem Hause und besaß, wie wir dar-

---

[134] Vgl. E. Meyer, Forsch. 2, 27. Seitdem ist auch die aristokratische Geschichtsschreibung auf das Haus der Keryken schlecht zu sprechen, vgl. Plut. Arist. 5. 25 u. ö. S. auch P. Welzel, Kallias, ein Beitrag zur athenischen Geschichte, Diss. Breslau 1888.

[135] Demosth. 19, 273. Dazu E. Meyer, Forsch. 2, 78 f. u. ders., GG 4, 4; anders Willrich, Perikles, 119.

aus schließen dürfen, hinreichend großen, ererbten Reichtum, um eine einflußreiche Rolle in der Stadt spielen zu können. Durch Heirat hatte er mit dem Hause der Philaiden enge Verbindung [136]. Er stand bereits zu Lebzeiten Kimons im Dienste der aristokratischen Politik [137]. Wir dürfen daher in seiner Politik eine Fortsetzung der kimonischen erwarten, wenn wir dabei nicht vergessen, welch innerpolitischer Umschwung zwischen dem Wirken Kimons und dem des Thukydides liegt. Kimon hatte seine Politik richtungweisend und führend vertreten können. Bei Thukydides mußte es sich entsprechend der oppositionellen Stellung, in der seine Gruppe stand, vor allem darum handeln, den führenden Männern der demokratischen Gruppe mit allen Mitteln des innenpolitischen Kampfes entgegenzutreten.

Und dafür erscheint Thukydides als der geeignete Mann. Er nimmt in der Geschichte der antidemokratischen Strömung eine besondere Stelle ein. Er hielt eine straffe Zusammenfassung der aristokratischen Gruppe für notwendig. Es wurde bisher ausdrücklich vermieden, für die Frontbildungen der antidemokratischen Strömungen die Bezeichnung „Parteien“ zu gebrauchen. Man darf diese für moderne demokratische Staaten passende Bezeichnung nicht ohne weiteres auf die athenischen Verhältnisse übertragen [138]. Es gab kein ausgesprochenes Parteisystem in Athen. Die Gruppenbildungen entstanden und wurden zusammengehalten durch die persönlichen Momente eines Führers, nicht so sehr durch eine Parteiorganisation wie heute in den Staaten der westlichen Demokratie. Thukydides nun tat einen ersten Schritt in diese Richtung. Er ging daran, seine Gefolgschaft zu organisieren. Vor allem sammelte er die Getreuesten und Fähigsten seiner Anhänger enge um sich (Plut. Per. 14, 1) und dies geschah in Form einer Hetairie (Plut. Per. 14, 3). In diesem engen Kreis konnten die Erfahrungen ausgetauscht, konnte die politische Lage besprochen und über gemeinsames Vorgehen Beschluß gefaßt werden (vgl. Thuk. 8, 48 u. Aristoph. Ekklesiaz. 17 f. 57 ff. 116 ff.). Die Mitglieder dieser Hetairie, die Thukydides bei seiner Tätigkeit unterstützten (Plut. Per. 14, 1), können wir, um nun moderne Begriffe zu verwenden, als die Parteimitglieder, die Parteigenossen bezeichnen. Wir dürfen aber darunter nicht nur die Redner verstehen, die Thukydides öffentlich unterstützten, sondern entsprechend dem Charakter der Hetairie als Geheimklub werden auch andere Persönlichkeiten zu ihr gehört haben, die nicht öffentlich in führender Weise hervortraten [139]. Nachdem so die Geschlossenheit und Einheitlichkeit der Führung gewährleistet war, trat daneben eine nach außen sichtbare Zusammenfassung aller Parteianhänger und Parteifreunde.

---

[136] Aristot. A. P. 28, 2 u. ö. Siehe Fiehn, RE 6 A, 625.

[137] Vgl. J. Kirchner, Prosop. Att., 471; Beloch, GG, 2, 1, 185 und besonders S. 62 f. unten.

[138] wie es die Neueren, z. B. Bogner, Die verwirklichte Demokratie, Berlin 1930, oder Willrich, Perikles u. a. m. tun.

[139] Zu den verschiedenen Mitteln, mit denen die Hetairien im Parteikampf vor der Volksversammlung wirkten, s. Calhoun, a. a. O., 111 ff.

Es war bisher üblich gewesen, daß die Volksverammlung zusammentrat, ohne daß eine Scheidung der Bürger nach irgendwelchen Gesichtspunkten stattgefunden hätte. Es mischte sich also der einzelne Aristokrat unter das Volk und unter die Anhänger eines anderen Mannes, wie es sich eben traf. Hier griff nun Thukydides ein (Plut. Per. 11). Die Volksversammlung war für ihn die Arena, auf der die politischen Kämpfe ausgefochten wurden. Eine Vermischung seiner Anhänger mit der Masse des Volkes zog nach seiner Ansicht eine Verminderung des Einflusses seiner Gruppe nach sich. Durch Scheidung seiner Anhänger vom Volke und durch ihre Zusammenfassung zu einer Gruppe, die in der Volksversammlung an einem bestimmten Platze Aufstellung nahm, erreichte der aristokratische Führer Geschlossenheit und Schlagkraft seiner Gruppe nach außen. Auch an die Werbekraft einer solchen Maßnahme mag der kluge Parteiführer gedacht haben, wie denn stets diese Art von Propaganda nicht ohne Wirkung ist, besonders wenn keine gleichgeschlossene Gegengruppe vorhanden ist. Die demokratische Gruppe aber war in dieser Zeit noch nicht so fest um e i n e n Führer gesammelt (vgl. unten).

So übte die Geschlossenheit der aristokratischen Minderheit einen großen Einfluß auf die Verhandlungen und Abstimmungen in der Volksversammlung aus, was wir im folgenden bestätigt finden. Mit Recht dürfen wir vielleicht in dieser Zeit von einer aristokratischen Partei sprechen. Denn nun ist der Ansatz zu einer äußeren Organisation vorhanden, geschaffen von einem klar antidemokratisch eingestellten Manne, bei dem das persönliche Machtstreben gegenüber der Wahrung der Interessen seiner Anhänger zunächst etwas in den Hintergrund tritt. Klar zutage liegt auch das Parteiprogramm in seiner antidemokratischen Grundrichtung, das, wenn auch nicht schriftlich festgelegt oder programmatisch verkündet, doch für jeden Athener aus den Reden der antidemokratischen Männer bald ersichtlich sein mußte. Zudem barg dieses Programm, wie wir noch sehen werden, die bisher festgehaltenen Forderungen der antidemokratischen Politik in sich, die jetzt zum letztenmale grundsätzlich gegen Perikles vertreten wurden.

Auch das Altertum empfand den Auseinanderfall der athenischen Bürgerschaft in zwei deutlich voneinander getrennte Parteien (Plut. Per. 11). Es ist heutzutage kein ungewohntes Bild, wenn in demokratischen Staaten die Parteien durch Zusammenfassung ihrer Anhänger und durch Einnehmen bestimmter Plätze in Parlamenten usw. ihre Geschlossenheit zum Ausdruck bringen. In Athen aber wurde eine solche äußere Scheidung durch Thukydides zum erstenmale durchgeführt und als bedeutsame Neuerscheinung empfunden. Schon immer, wie Plut. Per. 11 anschaulich schildert, war im athenischen Staate ein kaum verdeckter Riß vorhanden gewesen, wie bei einem Stück Eisen, ein Riß, der gegeben war durch den Gegensatz der demokratischen und aristokratischen Zielsetzungen. Der ehrgeizige Wettstreit aber, der nun zwischen Thukydides und Perikles entbrannte, habe diesen Riß erst recht vertieft und zur Folge gehabt, daß fortan der eine Teil der Bürger Demos, der andere Oligoi genannt wurde. Demos und Oligoi sind also jetzt reine Parteibezeichnungen.

Die Nachricht bei Plutarch steht mit der geschichtlichen Entwicklung im Einklang. In der homerischen Welt ist der Demos die Masse der Gemeinfreien, ja an einigen Stellen (Il. 2, 198. 11, 238. 12, 213 u. ö) sogar das gemeine Volk, der Pöbel [140]. In der Zeit des Adelsstaates versteht man unter Demos die Masse der minderberechtigten Bevölkerung, gegen die der Adel, die Oligoi, seine Rechte verteidigt. (Vgl. Aristot. A. P. 5, 1). In dieser politischen und sozialen Gegenüberstellung erscheint Demos und Oligoi noch in Solons Gedichten. Nach Solon aber erfährt das Wort Demos einen Bedeutungswandel. Mit der Entwicklung der Demokratie wurde aus der Parteibezeichnung Demos der staatsrechtliche Terminus für das Gesamtvolk, für die Gemeinde aller freien Bürger [141]. In diesem Sinne wird es z. B. von Thukydides 6, 35 u. ö., Aristoph. Equit. 42 und von Euripides Suppl. 406 ff. gebraucht und begegnet uns häufig auf den Inschriften (I. G. 1^2, 10. 37. u. ö.), besonders auf den Präskripten attischer Volksbeschlüsse. Aber die Aristokraten hielten an der alten Parteibezeichnung fest, die sich in den Kämpfen gegen den Demos, worunter man jetzt vor allem die besitzlose Masse der Theten, die parteimäßig gebundene Bewegung des niederen Volkes verstand, wiederum in den Vordergrund schob. In diesem Sinne sagt auch Hdt. 5, 66, daß Kleisthenes sich im Kampfe gegen Isagoras auf den Demos gestützt habe (vgl. Aristot. A. P. 20, 1).

Dieser Entwicklungsprozeß fand, wie Plutarch an der oben angezogenen Stelle richtig sieht, einen gewissen Abschluß in den Kämpfen zwischen Thukydides und Perikles, wo sich die Oligoi als politisch-soziale Partei vom Demos distanzierten. Die gleiche Gegenüberstellung von Demos und Oligoi bei Hdt. 3, 81 f. bezeugt, daß der politische Charakter dieser Bezeichnungen in der perikleischen Zeit weiterlebte, wie denn auch dann in der ersten attischen Prosaschrift, der pseudoxenophontischen Athenaion Politeia, Demos und Oligoi als völlig feste und geläufige Parteibezeichnungen erscheinen. In der Folgezeit geht die Verwendung von Demos als Gesamtvolk und Demos als Partei nebeneinander her. Die attischen Redner gebrauchen das Wort wieder im Sinne des Euripides, während die Philosophen und Geschichtsschreiber sich mehr an Ps. Xenophon anschließen.

Der Mann aber, seit dessen Wirken sich die Oligoi förmlich als eine Partei über den Demos erhoben, war Thukydides. Sein Vorgehen bei der Organisierung seiner Partei ließ deutlich werden, daß er vor allem die Beherrschung der Volksversammlung sich als Ziel gesetzt hatte. Auch Kimon war ein schlagfertiger Redner gewesen, der seinen Plänen, wenn nötig, in der Volksversammlung zum Siege zu verhelfen wußte (Plut.

---

[140] Wenn J. Hasebroek, Gr. Wirtschafts- u. Gesellschaftsgeschichte, Tübingen 1931, 20 von der Bedeutung Demos = Gesamtvolk spricht, so ist nicht zu vergessen, daß dieses Gesamtvolk zwar alle Bevölkerungsschichten in sich schloß, aber nur im Gegensatz zu den βασιλῆες. Zwischen beiden Gruppen bestand, wie Hasebroek selbst sagt, eine tiefe Kluft. Unter Gesamtvolk versteht man meist die Menge der gleichberechtigten Bürger, vgl. unten. Siehe auch J. Kirchner, RE 5, 153 ff.

[141] Vgl. Schoeffer in RE Suppl. 1, 1903, 364 ff.

Kimon 14). Jedoch hatte er, wie die übrigen aristokratischen Führer in der Beeinflussung der Volksversammlung nicht das Entscheidende gesehen. Thukydides aber hatte miterlebt, wie Kimon durch seine oftmalige und längere Abwesenheit von Athen die Fühlung mit dem Volke verlor und dadurch seinen Gegnern die Möglichkeit gab, sich zu sammeln und gegen ihn vorzugehen (vgl. Plut. Per. 7, 2). Er hatte daraus gelernt. Er blieb in der Stadt und verlegte den Kampf auf die Rednerbühne (Plut. Per. 11). Seine Fähigkeiten, die weniger in strategischen Anlagen als in einer großen Gewandtheit des Auftretens und Redens bestanden, ermöglichten es ihm, auch der Redegewalt eines Perikles entgegenzutreten (Plut. Per. 11). Die Redegabe wurde mehr denn je zu einer der schärfsten Waffen im Kampf der Männer um die Macht.

Zunächst ging der Kampf der antidemokratischen Front nicht gegen Perikles allein. Neben ihm müssen in dem Zeitraum von 460—443 noch andere Männer eine führende Rolle in der demokratischen Gruppe gespielt haben. Das Interesse, das die Überlieferung der überragenden Persönlichkeit des Perikles zuwandte, ließ manchen anderen Staatsmann neben ihm zurücktreten [142]. Gegen diese, für uns schwer greifbaren Männer richtete sich zunächst der Angriff des Thukydides. Er benützte die Schlagkraft seiner Parteiorganisation, um mit Hilfe des Scherbengerichts, das sich praktisch als eine gewaltige Angriffswaffe gegen politische Gegenspieler verwenden ließ, seine Gegner aus der Politik zu verdrängen, ähnlich wie es früher Themistokles getan.

Zunächst erlag Damon von Oa im Scherbengericht (Aristot. A. P. 27, 4; Plut. Per. 4) [143]. Seine Entfernung aus Athen muß in die Mitte der 40er Jahre fallen [144]. Für seinen Ostrakismos ist uns ein urkundliches Zeugnis erhalten [145]. Damon wird uns als politischer Ratgeber des Perikles geschildert [146]. Er muß aber auch, wie vor allem aus der Tatsache seiner Ostrakisierung geschlossen werden darf, in dem Zeitraum von 460—445 eine führende Rolle in der Leitung der demokratischen Politik gespielt haben (vgl. Plut. Per. 4, 2) [147].

---

[142] Vgl. Plut. Per. 7, wo das Verhältnis von Ephialtes zu Perikles falsch gesehen wird. Ähnlich Plut. Per. 9 u. 16.

[143] Über die Identität von Damon und Damonides vgl. Wilamowitz-Möllendorff, Aristot. u. Athen, 1, 143; Kroll in RE Suppl. 3, 324 ff. u. Schmid-Stählin, Gesch. d. gr. Lit., I 2, 731, 5.

[144] Vgl. A. Rosenberg, N. J. kl. Alt. 35, 1915, 206 ff. in überzeugender Weise gegen Beloch, GG 2, 1, 313. Der Zeitpunkt der Verbannung ist nicht überliefert, kann aber um das Jahr 445 angenommen werden. Ebenso Kroll, RE Suppl. 3, 324 ff. u. E. Meyer, Gesch. d. Alt., 3, 567. 4, 5 u. Busolt, GG, 3, 1, 514 u. A. v. Domaszewski, Die att. Pol. in d. Zeit d. Pentekontaetie, 16 ff. Anders Taeger, Thukydides, 69.

[145] Ath. Mitt. 40, 1915, 20 n. 50. Auch Brückner vertritt hier die Ansetzung dieses Scherbengerichts in die Mitte der 40er Jahre.

[146] Vgl. Diels, Die Fragm. d. Vorsokratiker, Berlin 1934, 1 [5], 381 ff.

[147] Die von Willrich, Perikles, 174 f. ohne Quellenangaben vorgetragene Auffassung über die Umstände, die zu Damons Ostrakisierung geführt haben sollen, wird durch die ganze oben vorgetragene Darstellung widerlegt. Im Einzelnen sei noch auf folgendes hingewiesen: Perikles war damals sicher nicht der alleinige und maßgebende Vertreter der demokratischen Gruppe, vgl. Plut.

Ein zweiter einflußreicher Führer der demokratischen Gruppe, gegen den sich die Angriffe des Thukydides richteten, muß Kleippides, der Sohn des Deinias (Thuk. 3, 3, 2), gewesen sein. Auch ihn traf das Schicksal der Entfernung durch das Scherbengericht vonseiten der mächtigen antidemokratischen Partei. Von seiner Stellung im Parteikampf dieser Tage und von seinem Ostrakismos ist uns in der Literatur nichts überliefert. Wir dürfen jedoch unseren Schluß aufgrund uns erhaltener Ostraka ziehen [148]. Diese zeigen mit Deutlichkeit, daß es einmal zwischen Thukydides und Kleippides zum Scherbengericht gekommen ist [149]. Es hindert nichts, diese Auseinandersetzung für das Jahr 445 anzunehmen [150]. Hier findet der Vorgang seine beste Erklärung und gestattet einen näheren Einblick in die damaligen Verhältnisse [151]. Wir

Per. 7; s. Wilamowitz-Möllendorff, Hermes 14, 1879, 319, der, allerdings zu weit gehend, in Perikles nur den Vollstrecker der politischen Ideen des Damon und Ephialtes sieht; der Nachweis ferner, daß die Bezeichnung der Freunde des Perikles als neue Peisistratiden gerade in diesem Zusammenhang erfolgte, ist nicht zu erbringen; Thukydides befand sich in dieser Zeit im Angriff, nicht in der Verteidigung.

[148] Scherbenfund vom Jahre 1910 in Athen, s. Ath. Mitt. 40, 1915, 4 ff. Vgl. auch Fiehn, RE 6 A, 625 f. dazu Anm. 151.

[149] Vgl. Brückner, Ath. Mitt. 40, 1915, 18 u. A. Rosenberg, a. a. O, 206. Der Hauptkampf ging zwischen Thukydides und Kleippides. Die anderen Scherben (Teisandros, Eucharides, Andokides) stellen Splitterstimmen dar.

[150] Vgl. Rosenberg, a. a. O, 206 ff. gegen Beloch, GG, 2, 1, 313, der diesen Vorgang in das Jahr 413 verlegen will. Eigenartig ist die Auffassung Willrichs, a. a. O. 175 f.: Das Scherbengericht habe 443 stattgefunden; also sei Thukydides verbannt worden; also habe Perikles das Scherbengericht beantragt; Thukydides aber habe seine Anhänger veranlaßt den Namen des Kleippides auf die Scherben zu schreiben. Die Grundlage dieser Hypothesenfolge — 443 als das Jahr des Scherbengerichts — kann nicht bewiesen werden, auch nicht von Willrich. Warum sollte es schließlich niemals zu einer direkten Auseinandersetzung zwischen Perikles und Thukydides gekommen sein? Plut. Per. 13, wo ein Vers des Komikers Kratinos angeführt wird, sagt ausdrücklich, daß Perikles einmal im Abstimmungskampf gestanden habe. Willrich bleibt nichts übrig als dieses Zeugnis zu entkräften.

[151] Die Bedenken Körtes, Zum att. Scherbengericht, Athen. Mitt. 47, 1922, 1 ff., denen sich Fiehn, RE 6 A, 626 u. Miltner, RE 19, 770 anschließen, bestehen nicht zu Recht. Körte wendet ein, daß die gefundenen Ostraka einem ergebnislosen Scherbengericht angehört haben können, da uns Kleippides sehr wenig bekannt sei und er bei der Aufzählung der demokratischen Führer in Aristot. A. P. 28, 2 fehlt. Dagegen ist einzuwenden: Die Kenntnis der inneren Geschichte Athens während der Pentekontaetie ist im allgemeinen nicht hervorragend. Gerade in der Zeit von 460—443 fehlen uns Nachrichten über führende Männer der demokratischen Partei, die sicher vorhanden gewesen sein müssen, da Perikles, wie bereits gesagt, in diesen Jahren noch nicht der alleinige und unbestrittene Führer der demokratischen Gruppe war. Daher sollte jede Möglichkeit, die uns diesen Mangel beheben hilft, dankbar benützt werden. Der exzerptenhafte Charakter der A. P. zudem verleiht einem Schluß ex silentio wenig Wert. Als zweiten Einwand erhebt Körte das Bedenken, daß der Scherbenfund auch dem Jahre 443/42 angehören könne, da bei einem Scherbengericht auf die verschiedensten Männer Stimmen abgegeben werden konnten. Gewiß, aber die Schilderung des Parteikampfes bei Plut. Per. 11 ff. zeigt deutlich, daß der Kampf allein zwischen der Person des Thukydides und Perikles ging, ebenso wie der Ostrakismos vom Jahre 443/42 allein zwischen Thukydides und Perikles entschied (Plut. Per. 14). Auch erweckt die Schilderung bei Plut. Per. 14 den Eindruck, als sei der Antrag zum Scherbengericht von der

sehen als Gegner des Thukydides und seiner Partei den Kleippides. Er muß also als führender Politiker neben Perikles gestanden haben, wie wir es von Damon erschlossen, von Ephialtes wissen. Die demokratische Gruppe war also nicht an einen einzigen Mann gebunden. Die antidemokratische Gruppe jedoch besaß an Thukydides einen überragenden Führer, der seine Anhänger im innerpolitischen Kampfe fest in der Hand hatte.

Die antidemokratische Strömung dieser Zeit ist nicht zu unterschätzen. Welche Angriffsflächen die demokratische Außenpolitik einer Opposition bot, sahen wir bereits. Die innerpolitischen Reformen aber mußten jedem Besitzenden klarmachen, daß das Schwergewicht des Staates sich immer mehr zu Gunsten der Besitzlosen, der Theten, verschob. Gegen diese Entwicklung stemmten sich notwendigerweise alle besitzenden Klassen [152]. Das gab der aristokratischen Politik die Möglichkeit, ihre Erfolge zu erzielen. Um die Mitte der 40er Jahre erreichte die antidemokratische Front unter Führung des Thukydides einen Höhepunkt ihres Einflusses.

Kampf gegen Perikles und Zusammenbruch der antidemokratischen Front

Der entscheidende Kampf aber stand noch bevor gegen den Mann, der seit etwa zwei Jahrzehnten getreu den Traditionen seines Hauses im Dienste der demokratischen Politik tätig war und sich immer mehr als der maßgebende Führer der demokratischen Schichten erwies: Perikles, Sohn des Xanthippos, mütterlicherseits aus dem Hause der Alkmaioniden. Es ist uns vergönnt, die zwischen den beiden führenden Männer im Kampfe um die Macht sich entspinnende Auseinandersetzung deutlich zu übersehen [153].

Der gewaltigen Übermacht der antidemokratischen Strömung, wie sie um das Jahr 445 sich zeigte, hätte auch wohl Perikles nicht auf die Dauer Widerstand leisten können, wenn er nicht seine persönliche Stellung durch ein großes Bauprogramm zu sichern gewußt hätte. Mit den höchsten Zielen, die der Alkmaionide damit verfolgte, verbanden sich nüchterne, reale Gesichtspunkte. Es war vor allem ein riesiges Arbeitsbeschaffungsprogramm, das alle arbeitenden Schichten und Berufe des Volkes fest an seine Person knüpfen mußte (Plut. Per. 12, 3 ff.). In engem Zusammenhang mit der Baupolitik stand die von Perikles durchgeführte Finanz- und Reichspolitik. Gegen dieses in sich geschlossene Programm, dessen Durchführung seinem Urheber eine langdauern-

Gruppe des Thukydides ausgegangen, vgl. Busolt, GG, 3, 1, 495. Das würde dann sehr dafür sprechen, daß Thukydides auch Perikles durch das Scherbengericht auszuschalten suchte, wie es ihm zuvor bei Damon und Kleippides gelungen war. Es handelte sich also um eine eindeutige Auseinandersetzung zwischen den beiden führenden Männern Thukydides und Perikles.

[152] Über die Parteikämpfe gesehen vom Gesichtspunkt eines Ringens zwischen Besitzenden und Besitzlosen vgl. J. Beloch, Att. Pol. seit Perikles, Leipzig 1884, Einl.

[153] Plut. Per. Hauptquelle für die Nachrichten über den Parteikampf der beiden Männer ist wahrscheinlich Theopomp, vgl. Busolt, GG, 3, 1, 439.

de Machtstellung gewähren mußte, wandte sich in ehrlichem und erbittertem Kampfe die aristokratische Politik.

Dieser Kampf zwischen Thukydides und Perikles spielte sich vor allem vor der Volksversammlung, auf der Rednertribüne ab. Immer und immer wieder wurde hier der Kampf gegen Perikles vorgetragen, hauptsächlich unter drei Gesichtspunkten.

Die große Bautätigkeit erforderte riesige Summen. Die jeweilige Beantragung dieser Mittel in der Volksversammlung durch Perikles als Vorsitzenden der Baukommissionen gab der Opposition Handhaben des Angriffs. Thukydides suchte die Gewährung der immer wieder neu geforderten Mittel zu verhindern. Er erhob gegen Perikles den Vorwurf, daß er die Staatsgelder verschleudere und die Finanzen zugrunde richte (Plut. Per. 14). In Anbetracht der vielen Gelder, die für Bauzwecke verwendet wurden, war dieser Vorwurf wohl zu begründen. Der wiederholte Angriff mit diesem Argument verfehlt nicht seine Wirkung (Plut. Per. 14).

Mit dem Bauprogramm hing die Verwendung der Beiträge der Bundesgenossen und damit die ganze Handhabung des delisch-attischen Seebundes eng zusammen. Immer deutlicher vollzog sich der Ausbau der Symmachie in eine ausgesprochene Herrschaft der Athener. Diese Umstellung wurde von den Bundesgenossen als drückend empfunden. So zahlten im Jahre 448/47, nachdem durch den Frieden des Kallias der eigentliche Zweck des delisch-attischen Seebundes — Krieg gegen die Perser — offiziell liquidiert worden war, nur mehr etwa 60 Städte ihren Beitrag, während es 449/48 etwa 150 gewesen waren [154]. Schon damals wird Thukydides gegen diese grundsätzliche Umbildung des Bundes Stellung genommen haben. Allerdings ohne Erfolg, da Perikles geschickt die Umorientierung der Politik mit panhellenischen Gedanken und neuen wertvollen Zielen zu vereinen wußte [155]. Jetzt im Entscheidungskampf gegen Perikles fanden die Fragen über die Stellung der Bündner nochmals ihre letzte, prinzipielle Erörterung.

Thukydides stand mit den Bundesgenossen in Verbindung; er besaß in den Bundesstädten großen Einfluß und viele Freunde (Plato Menon 94 d). In jeder Volksversammlung, sagt Plut. Per. 12, 1, der uns in diesem Abschnitt vielleicht Stücke aus damals wirklich gehaltenen Reden erhalten hat, wurde Perikles von seinen Gegnern angegriffen. Das attische Volk, so warf die aristokratische Opposition und ihr redegewandter Führer dem Perikles immer wieder vor, komme in Verruf und Schande, da man von einer Gleichberechtigung und Autonomie der Bundesgenossen nicht sprechen könne, sondern die Behandlung der Bündner als Tyrannis bezeichnen müsse. Die Bundeskasse habe man nach Athen verlegt mit der Entschuldigung, man wolle diese Gelder vor einem etwaigen

---

[154] Vgl. J. Nesselhauf, Unters. z. Gesch. d. del.-att. Symmachie, Klio Beiheft 30, NF. 17, 1933, 26 ff.

[155] J. Nesselhauf, a. a. O., 31 ff., der mit Recht auch auf die innerpolitische Bedeutung des von Perikles vorgetragenen Planes einer panhellenischen Konferenz aufmerksam macht.

Einfall der Perser sicherstellen. Jetzt aber sehe man, daß man aus dem Bundesschatz einen Staatsschatz machen wollte. Es sei wider das heiligste, in Griechenland geltende Recht, daß Athen die von den Bundesgenossen erpreßten Kriegssteuern verwende, um die Stadt zu vergolden und herauszuputzen wie ein eitles Weib. Denn rings sei sie ausstaffiert mit kostbaren Steinen und kunstvollen Bildern und Tempeln von tausend Talenten.

Mit den letzten Worten wandte sich Thukydides gegen die künstlerische Ausgestaltung der Bauten, die in ihrem Umfang und ihrer Pracht scheinbar ein überhebliches Zeugnis ablegen sollten für den Reichtum und den Geltungswillen der Stadt [156]. Auch einige Priesterkollegien leisteten gegen die Ausdehnung der Bauten Widerstand [157].

Aus den Angriffen des Thukydides gegen die Weiterführung der Gewaltpolitik gegen die Bundesgenossen sprechen die Grundsätze der aristokratischen Politik aus der Zeit, da sie noch an der Führung war. Für Autonomie der Poleis der Bundesgenossen war schon Aristeides eingetreten. Für Wahrung des wirklichen Zweckes des Bundes hatte sich Kimon eingesetzt. Der Wunsch endlich, aus panhellenischem Bewußtsein heraus zu verhüten, daß Athen durch seine Großmachtpolitik aus dem Kreis der übrigen griechischen Staaten hervortrete, hatte sich ebenfalls bei Kimon gemeldet. Es waren dieselben Zielsetzungen noch lebendig, es wurde von Thukydides derselbe Grundsatz der Mäßigung nach innen und außen vertreten wie von Kimon, so gut dies eben jetzt in der oppositionellen Stellung geschehen konnte [158]. Diese positive Haltung muß der antidemokratischen Politik zur Ehre angerechnet werden. Sie verfolgte kein egoistisches Parteiprogramm. Noch immer war ihr Blick auf die Ehre und das Ansehen Athens gerichtet. Gerade aus diesem Gesichtspunkt heraus fanden die neuen Methoden der Gewaltpolitik keine Anerkennung. Auch hierbei ist gewiß die Ausrichtung nach Sparta nicht ohne Einfluß gewesen. Thukydides selbst stand mit führenden Männern Spartas in engen freundschaftlichen Beziehungen, wie uns die hübsche Anekdote bei Plut. Per. 8 ersehen läßt, wo von einem Zusammentreffen des athenischen Politikers mit dem spartanischen König Archidamos die Rede ist.

Die dauernden Angriffe der geschlossenen aristokratischen Opposition ließen die Stellung des Perikles nicht unerschüttert. Er mußte seine Politik verteidigen und tat dies mit schlagenden Worten (Plut. Per.

---

[156] Vgl. E. Curtius, Die Stadtgesch. von Athen, München 1891, 140 f. u. Rostovtzeff, a. a. O., 1, 283 u. Berve, GG, 1, 291.

[157] Vgl. Busolt, GG, 3, 1, 572 u. E. Curtius, a. a. O. Anders Willrich, Perikles, 215.

[158] Allerdings ein praktischer Erfolg war nicht mehr zu erreichen. Denn die Einteilung des Bundesgebietes in fünf Bezirke, die man mit dem Ostrakismos des Thukydides in Zusammenhang zu bringen liebte (z. B. E. Meyer, Forsch. 2, 86), setzt keine „durchgreifende Reichsgewalt" voraus (gegen Busolt, GG, 3, 1, 75. Richtig Berve, GG, 1, 295), sondern ist eine rein organisatorische Maßnahme (Miltner, RE 19, 773), die schon vor dem Jahre 443 nachzuweisen ist (H. Nesselhauf, a. a. O., 36 ff.).

12, 2). Er hatte dabei die Macht der Tatsachen für sich. Der fortwährende erbitterte Zwiespalt der beiden Männer und ihrer Anhänger trug in das öffentliche Leben Athens, das sich auf engem Raum abspielte, dauernde Erregung und Unsicherheit. Die Lösung dieser Spannung geschah im Jahre 443 durch Anwendung des Scherbengerichts. Es hat den Anschein, als sei der Antrag zum Scherbengericht von der Gruppe des Thukydides ausgegangen [159]. Dieser mochte glauben, durch seine Angriffe die Stellung seines Gegners genügend untergraben zu haben, um ihn aus der Politik verdrängen zu können, wie dies zuvor bei Damon und Kleippides gelungen war. Aber das Scherbengericht schlug gegen den aristokratischen Führer aus. Thukydides verließ Athen. Über sein späteres Leben besitzen wir nur unsichere Zeugnisse.

Mit dem Strategen Thukydides, der bei Thuk. 1, 117 für das Jahr 440/39 genannt ist, kann Thukydides der Parteiführer nicht identisch sein. Die Entfernung durch das Scherbengericht erstreckte sich auf 10 Jahre. Von einer Rückberufung vor Ablauf dieser Zeit, zumal schon kurz nach der erbitterten Auseinandersetzung mit Perikles, ist uns nichts bekannt. Thukydides kann also, wenn er, wie angenommen werden kann, nach Athen zurückkehrte, dies erst im Jahre 433 getan haben. Keinen Beweis für die Rückkehr des Thukydides gibt dagegen der Peripatetiker Satyros bei Diog. Laert. 2, 3, 9 [160]. Denn hier ist wohl glaubwürdig bezeugt, daß Thukydides als Ankläger gegen Anaxagoras aufgetreten ist [161], aber keineswegs gesagt, daß dieser Prozeß in die Jahre nach des Thukydides Rückkehr fallen muß. Der an der angezogenen Stelle gemeinte Prozeß ist vielmehr, wie noch aufgezeigt wird (S. 62), in die 50er Jahre zu setzen [162]. Das Zeugnis des Diog. Laert. scheidet demnach für diesen Zusammenhang aus. Vielleicht weisen dagegen die Ausführungen in Aristoph. Acharn. 703 ff. mit Scholien auf Thukydides, den Sohn des Melesias, hin [163]. Wir würden aber hier nur erfahren, daß Thukydides als Greis von einem gewissen Kephisodemos angeklagt wurde (vgl. Aristoph. Vesp. 947).

Über den Geschichtsschreiber Thukydides, den Sohn des Oloros, ist uns eine anonyme vita erhalten [164]. Es gab damals, wie Marcellin. vita Thuk. 28 berichtet, vier bekannte Männer mit dem Namen Thukydides. Leicht erklärlich entstanden dadurch oft Verwechslungen, so daß Nachrichten über andere Männer mit dem Namen Thukydides auf den Geschichtschreiber gleichen Namens übertragen wurden. So können die

---

[159] Plut. Per. 14. Dazu Busolt, GG, 3, 1, 495.

[160] Gegen Fiehn, RE 6 A, 626 f. Vgl. Anm. 192.

[161] Vgl. Busolt, GG, 3, 1, 498 Anm. Z. 24 ff.; Beloch, GG, 2, 1, 314; Müller-Strübing, Aristophanes und die historische Kritik, Leipzig 1873, 317 f.; auch Miltner a. a. O.; besonders wichtig: A. E. Taylor, On the date of the trial of Anaxagoras, Class. Quarterly 11, 1917, 81 ff.; A. Rosenberg, N. J. kl. Alt. 35, 1915, 210 bringt Zweifel, während E. Meyer, Gesch. d. Alt. 4, 44 die Frage offen läßt.

[162] Gegen Miltner, RE, 19, 782.

[163] Vgl. Busolt, GG, 3, 1, 498 Anm. Z. 15 ff. u. J. Kirchner, Prosop. Att. 1, 472. Anders E. Meyer, Gesch. d. Alt. 4, 44; Müller-Strübing, a. a. O. 331 ff. u. Fiehn, a. a. O.

[164] ed. Westermann, Biographoi, Braunschweig, 200 ff.

Nachrichten in Anonymus vita Thuk. 6 sich auf Thukydides den Parteiführer beziehen.

Überblicken wir die aufgeführten Nachrichten, so ergibt sich nur aus der unsicheren Stelle bei Aristoph. Acharn. 703 ff., daß Thukydides nach Ablauf seiner Verbannungsfrist nach Athen zurückkehrte. Daß er aber politisch sich nochmals einflußreich betätigt hätte, ist uns nirgends überliefert. Nun glaubt aber Miltner RE 19, 782 feststellen zu dürfen: „Es ist selbstverständlich, daß Thukydides sofort (nach seiner Rückkehr) an die Reorganisation seiner Partei ging ... und es sich dabei angelegen sein ließ, auch andere mit der Politik des Perikles unzufriedene Gruppen zu seiner Partei herüber zu ziehen.“ Diese Aufstellung entbehrt jeglicher Quellengrundlage und läßt auch den Einblick in die Lage der antidemokratischen Opposition vermissen, da es nach der Verbannung des Thukydides zu keiner festen Parteibildung mehr kam (vgl. Abschnitt VI). Daß der Prozeß gegen Anaxagoras nicht als Beweis für das Wiedererstarken einer neuentstandenen Partei des Thukydides gelten darf, wie Miltner wahrhaben will, widerlegt sich aus dem über die zeitliche Festsetzung dieses Prozesses Gesagten. Zwar würde es unsere Aufgabe wesentlich fördern, wenn wir in dem oligarchischen Treiben gegen Perikles die Hand des Thukydides erkennen könnten, aber die Quellenlage erlaubt uns eine solche Annahme nicht [165].

Thukydides hatte zum letztenmale die positiven Zielsetzungen der antidemokratischen Bewegung in altem Sinne vertreten und weitergeführt. Mit seiner politischen Ausschaltung hatte die aristokratische Politik, die seit Kimons Ostrakismos bereits in der Opposition stand, ihren letzten und offenen Kampf gegen die demokratischen Männer verloren. Von einer einheitlichen antidemokratischen Partei oder Politik kann fortan in der Zeit des Perikles nicht mehr gesprochen werden. Aus dem Kampf der ehrgeizigen Männer um die Macht war der Führer der demokratischen Gruppe als der alleinige Sieger hervorgegangen.

VI. FEINDSCHAFT GEGEN PERIKLES

Äußerungen der antidemokratischen Strömung unter Perikles

Seit 443 datiert die unbestrittene Führerstellung des Perikles (Plut. Per. 15; Telekleides fr. 42 Kock). Aus einem Parteiführer, der im Kampfe um die Macht sich zuweilen auch gefährlicher Mittel hatte bedienen müssen (vgl. Aristot. A. P. 27; Plut. Per. 9), entwickelte er sich zu einem überlegenen Staatsführer. Dieser Wandel, den Plut. Per. 15 (vgl. Thuk. 2, 65, 8) deutlich hervorhebt, ließ manchen Widerspruch verstummen und eine geschlossene Opposition nicht mehr aufkommen.

---

[165] Die beiden Söhne des Thukydides, Melesias und Stephanos, treten in der Politik nicht maßgebend hervor. Jedoch kann der bei Thuk. 8, 86 als Anhänger der 400 genannte Melesias mit dem Sohne des Parteiführers identisch sein, vgl. Busolt, GG, 3, 1, 496 u. Beloch, GG, 2, 2, 41.

Perikles selbst stammte aus altadeligem Hause (Plut. Per. 3; Thuk. 1, 127). Väterlicherseits gehörte er dem Hause der Buzygen, mütterlicherseits dem der Alkmaioniden an. Von Haus aus Aristokrat (Plut. Per. 7), hielt er auch als Führer des Volkes bewußt Distanz und lebte nur seiner Politik (Plut. Per. 7). Diese Politik galt ehrlich und unbeugsam der Größe und Macht Athens (Thuk. 2, 65, 5). So schloß sich ein großer Kreis von Aristokraten an ihn an, wie wir es von Kallias gesehen haben, oder leistete seiner Politik wenigstens keinen Widerstand, zumal sein Vorgehen in der Außenpolitik zurückhaltender und maßvoller wurde (Plut. Per. 17. 21). Besonders die Tatsache, daß Perikles die kriegerische Auseinandersetzung mit Sparta abgebrochen hatte und eine solche scheinbar nicht mehr als das Ziel der Außenpolitik ansah, mußte ihm viele Anhänger unter den Aristokraten gewinnen. Auch die Betonung der panhellenischen Idee und der panhellenischen Aufgabe Athens, wie sie im Plan eines panhellenischen Kongresses zutage trat, war den Aristokraten wohl angenehm.

Aber seine Innenpolitik konnte bei vielen Aristokraten keine Billigung finden. Der Volksführer erstrebte das Ideal eines Volksstaates, erstrebte eine konsequent durchgeführte Volksgemeinde (Thuk. 2, 37). Allen Bürgern, also vor allem auch den Theten, sollte es möglich sein sich nach Maßgabe ihrer Bedeutung am Staatsleben zu beteiligen. Weite Kreise der Aristokratie jedoch waren auf Grund ihrer Abstammung und Erziehung von der Berechtigung einer Vorzugsstellung ihres Standes im Staate überzeugt (vgl. Aristot. Pol. 5, 1301 b 3). Sie konnten und wollten das Ideal, das der demokratische Führer zu verwirklichen suchte, nicht sehen, sondern sahen nur die Gefahren, die einem solchen Beginnen anhaften mußten, und fühlten nur die Zurücksetzung, die sie dadurch erlitten. Die Auflösung der aristokratischen Partei hatte die Geister geschieden. Die einen hatten in ehrlicher Absicht sich für die neuen Zielsetzungen entschieden, zumal unter der Führung des Perikles das demokratische Gesicht Athens unverkennbare aristokratische Züge annahm [166]. Die anderen standen grollend in negativer Haltung beiseite. Offen konnten sie nicht mehr hervortreten, aber in ihren Herzen loderte der Widerstand weiter. Ihre gemeinsame negative Einstellung führte sie bald in Zirkeln und Clubs zusammen. „Unter der Oberfläche des offiziellen demokratischen Athens glomm nie verlöschend der Funke der Empörung in den Kreisen der politisch entrechteten Aristokratie, oder wie bei den Gegnern ihr Name hieß, der Oligarchen“ [167].

Diese antidemokratische Bewegung aber ist schwer zu greifen. Nur an verschiedenen Äußerungen und Merkmalen sehen wir einen Wider-

---

[166] Vgl. Isokr. 12, 131. 135. Siehe auch Lehmann-Haupt, Gr. Gesch. (Gercke-Norden 3) 313 u. La Rue van Hook, Was Athenian in the age of Pericles aristocratic? Class. Journ. 14, 1919, 472 ff. Hierher gehört auch die Aufnahme des aristokratischen Bildungsideals, Thuk. 2, 41. Dazu. W. Jaeger, Paideia, Berlin-Leipzig 1934, 23 ff. bes. 35; H. Schaefer, Staatsform u. Politik, 187 ff. u. E. Schwartz, Probleme der griechischen Ethik, 1906, 53 ff.

[167] W. Jaeger, Paideia, 407.

hall der antidemokratischen Gesinnungsopposition. Sie richtet sich vor allem gegen den Führer der Demokratie, ist stets vorhanden und führt schließlich zum Sturze des Gegners.

Als eine erste Äußerung in diesem Sinne dürfen wir die Angriffe und Verspottungen, welche die Komödie gegen die Demokratie und ihren Führer richtet, betrachten. Die Vertreter der altattischen Komödie, die für uns in Betracht kommt, waren politisch und religiös konservativ. Gegen die Demokratie und ihren Führer nahmen sie eine rein negative Haltung ein. In dieser Grundhaltung berührten sie sich mit der antidemokratischen Strömung. Wir finden auf beiden Seiten die gleichen Sympathien und die gleichen Antipathien. Die Frage des Zusammenhangs allerdings zwischen Komödie und antidemokratischer Strömung ist nicht einfach zu entscheiden. Einerseits darf die Komödie nicht als Organ der antidemokratischen Bewegung betrachtet werden [168]. Andererseits können wir auf Grund rücksichtsloser Verspottungen und offener Angriffe mit Sicherheit behaupten, daß Beziehungen zwischen beiden bestanden haben müssen [169]. Plut. Per. 8, 4 sagt, daß sich die Verspottungen und Angriffe der Komödie im Scherz und Ernst gegen Perikles richteten. Wir sind also berechtigt die politischen Angriffe der altattischen Komödie mit der antidemokratischen Strömung in Zusammenhang zu bringen.

Kratinos, neben Aristophanes der bedeutendste Vertreter der altattischen Komödie, ist von außerordentlicher Schärfe des politischen Spottes. Schon das Altertum hat das gesehen (Horat. sat. 1, 4, 1 ff. u. ö.) und die erhaltenen Fragmente (Kock, CAF, 1, 11—130) bezeugen es. In den „Archilochoi" (fr. 1 u. 11) ist die freundliche Erinnerung an Kimon mit Angriffen auf Kallias, den Schwiegersohn Kimons, verbunden, der bekanntlich seine politische Stellung wechselte und zu Perikles überging. Das zeigt uns schon die Einstellung des Verfassers. In den „Thrattai" (fr. 71) wird Perikles wegen seiner eigenartigen Kopfform verspottet und spöttisch auf den Ostrakismos zwischen ihm und Thukydides Bezug genommen. In den „Chirones" (fr. 240) wird Perikles als Tyrann bezeichnet, hervorgegangen aus der Ehe des Kronos mit Stasis. Auch die „Dionysalexandros" betitelte Komödie gehört hierher. Durch die uns er-

---

[168] So u. a. H. Gilbert, Beiträge zur inneren Geschichte Athens, Leipzig 1877, 74. Richtig Th. Birt, Von Homer bis Sokrates, Leipzig 1921, 345 f.

[169] Für Aristophanes verneint dies grundsätzlich G. Faulmüller, Der attische Demos im Lichte der aristophanischen Komödie, Progr. Erlangen 1906, bes. 58. Aber schon die „Babylonier", muß Faulmüller zugeben, bilden eine wichtige Ausnahme. S. 61 spricht er selbst von einem Anschluß der Aristophanes an die Oligarchen. Vgl. auch Christ-Schmid, Gesch. d. gr. Lit., 417 und F. Ollier, Le Mirage Spartiate, der 159 ff. ausführlich über Aristophanes handelt. Bei Aristophanes wirken sogar zum Teil noch die Zielsetzungen der antidemokratischen Front aus der Zeit Kimons nach. Man vgl. Aristoph. Pax 1082; Lysistr. 1137 ff. 1149 ff. u. ö. Gegen Zusammenhänge zwischen Komödie und antidemokratischer Strömung ist demnach nicht viel einzuwenden. Bei den Vorgängern des großen Komödiendichters, der für unsere Betrachtung selbst nicht mehr in Frage kommt, ist ein solcher Zusammenhang mit noch größerer Wahrscheinlichkeit anzunehmen.

haltene Hypothesis kennen wir den Inhalt des Stückes [170]. Es bringt zwar nicht Spott und Angriff in offener Form wie bisher, enthält aber viele geschickt und versteckt abgeschossene Pfeile gegen Perikles [171]. Der Zuschauer mußte in Dionysos mutatis mutandis Perikles sehen, der ähnlich dem Gott in der Komödie, um einer Frau willen den Krieg erregt, dann aber nicht die Verteidigung ergreifen will und schließlich ausgeliefert werden soll. Vergleichen wir damit, was Aristophanes über die Ursache des peloponnesischen Krieges zu berichten weiß (Acharn. 523 ff.), vergegenwärtigen wir uns die Vorwürfe, die die Opposition gegen Perikles wegen der kampflosen Preisgabe des attischen Landes erhob (Thuk. 2, 21), und erinnern wir uns an die Forderung der Spartaner auf Auslieferung des Perikles (Thuk. 1, 126), so kommen wir durch Zeichnung dieser Situation in die Anfänge des peloponnesischen Krieges und sehen in den Ausführungen und Anspielungen dieser Komödie eine überraschende Ähnlichkeit mit den Vorwürfen und Verdächtigungen, die die Opposition bei Ausbruch des Krieges gegen Perikles schleuderte.

Einen noch engeren Zusammenhang sehen wir bei H e r m i p p o s. Er richtet offene Angriffe gegen Perikles wegen seiner zaudernden Kriegführung [172] und stellt sich damit in eine Reihe mit der Opposition, welche die gleichen Vorwürfe erhob (Thuk. 2, 62). Ganz besonders aber ist er mit der Gegnerschaft gegen Perikles in Verbindung zu bringen durch die Anklage, die er gegen Aspasia erhob (siehe S. 60). Hier sehen wir deutlich, wie von Spott und Angriff in der Komödie kein weiter Schritt mehr war zu offener Gegnerschaft im praktisch-politischen Leben.

In diesen Zusammenhang gehört auch T e l e k l e i d e s [173], der durch Angriff und Spott gegen Perikles (fr. 17. 42. 43. 44) und durch spätere freundliche Erwähnung des Nikias (fr. 41) seine politische Stellungnahme erkennen läßt. Die Komödiendichter spotteten weiterhin über den langsamen Fortschritt, den die Bauten nahmen (Plut. Per. 13) und verdächtigten dabei Pheidias in gemeiner Weise als Zuhälter des Perikles (Plut. Per. 13); sie bezeichneten Aspasia als Buhlerin, als neue Omphale und Deianeira (Plut. Per. 24); sie entrüsteten sich über den Übermut des Volkes, das wie ein wildes Pferd auf den Inseln herumstampfe (Plut. Per. 7); lauter Äußerungen, die uns unmittelbar in das antidemokratische Lager weisen. Sie bezeichneten ferner die Umgebung des Perikles als neue Peisistratiden und verlangten von ihm selbst einen Eid, daß er nicht nach der Tyrannis greifen werde (Plut. Per. 16). Damit war eine Verdächtigung ausgesprochen, die in Athen, das in diesem Punkte sehr feinfühlig war, sehr wohl verstanden und nicht zu leicht

---

[170] Ox Pap. 4, 663 (Greenfell-Hunt) S. 96 ff.

[171] A. Körte, Hermes 39, 1904, 490. Dort auch die Hypothesis abgedruckt. Vgl. auch H. Brauer, Die Kriegsschuldfrage in d. gesch. Überlieferung d. peloponnes. Krieges, Diss. Münster 1933, 119 f.

[172] Fr. 46 Kock = Plut. Per. 33. Man weist dieses fr. den „Moirai“ zu, vgl. Körte in RE 8, 845.

[173] Fr. in Kock, CAF, 209 ff. Vgl. über ihn A. Körte in RE 5 A, 322.

genommen wurde [174], zumal Perikles schon durch sein Äußeres an Peisistratos erinnerte (Plut. Per. 7).

Wir können feststellen, daß die Komödie dieser Zeit sich sehr stark in den Bahnen einer antidemokratischen Tendenz bewegt. Das zeigt uns auch die Tatsache, daß Perikles sich einmal genötigt sah, mit einem Verbot den unverhüllten Angriffen der politischen Komödie entgegenzutreten. In den Jahren 440—437 bestand, wie glaubwürdig berichtet ist (Schol. Aristoph. Acharn. 67), ein die Komödienfreiheit einschränkendes Verbot. Diese Maßnahme stand in engem Zusammenhang mit der Erhebung der Insel Samos [175]. Unter dem Eindruck dieses gefährlichen Aufstandes (Thuk. 1, 115 ff.) und angesichts der weitverbreiteten Gärung und Unsicherheit im attischen Bundesgebiet (Plut. Per. 28) schien es dem demokratischen Führer nicht mehr tragbar, daß er mit seiner Politik vor aller Öffentlichkeit verspottet werde (s. auch Plut. Per. 24. 25). Wir dürfen daraus den Schluß ziehen, daß besonders die Handhabung der attischen Herrschaft im Bundesgebiet von Seiten der demokratischen Regierung Gegenstand der heftigsten Angriffe war, was auch Plut. Per. 7 bezeugt. Wir dürfen also in der Komödie dieser Zeit eine Art Fortführung der Angriffe des letzten aristokratischen Führers, des Thukydides, sehen, der sich besonders gegen die ungerechte Behandlung der Bündner ausgesprochen hatte. Damit sind die Angriffe und Verdächtigungen der politischen Komödie zur Zeit des Perikles als Äußerungen einer antidemokratischen Strömung für uns von Bedeutung.

Schwerer und gewagt erscheint es, solche Beziehungen zwischen antidemokratischer Strömung und Tragödie herausstellen zu wollen. Aber schon im allgemeinen ist bei der attischen Tragödie ein starkes aristokratisches Element nicht zu verkennen, das sich in der Einrichtung der Choregie, in der agonalen Form der Aufführung und im Mythengehalt deutlich zeigt. Bei Aischylos nun, der für uns in Betracht kommt, läßt sich vollends an einigen Stellen seiner Werke eine gewisse Übereinstimmung mit der antidemokratischen Strömung erkennen. Seiner Abstammung nach gehört der Dichter dem eleusinischen Landadel an. Das Bild des Staates, das er in den „Hiketiden" entwirft, ist aus aristokratischem Denken entsprungen und trägt aristokratisches Gepräge. In den „Persern", die das Geschehen von Salamis zur Grundlage haben, ist durch eine Hervorhebung der Taten des Aristeides eine Bevorzugung des Führers der konservativen Gruppe ausgesprochen, während Themistokles, der eigentliche Sieger, zurücktritt (445 ff.). Auch als Mitkämpfer bei Salamis bleibt der Dichter vor allem Marathonkämpfer, worauf er selbst Wert legt (1, 66 Diehl), und spricht in den „Persern" 745 f. eine Warnung vor der Entwicklung zur Seemacht aus. In den „Sieben

---

174 Aristot. A. P. 16. 10. Dazu H. Friedel, Der Tyrannenmord in Gesetzgebung und Volksmeinung der Griechen (Würzburger Stud. z. Altertumswiss. 11, 1937), 24 f., 30 ff., bes. 35 u. 51.

175 Vgl. E. Kalinka, Die pseudoxenophontische A. P., Leipzig 1913, 13 f. und H. U. Instinsky, Über d. Abfassungszeit d. Schr. v. Staate d. Ath., Diss. Freiburg 1933, 25 f.

gegen Theben“ bringen die berühmten Worte: „Er will gerecht nicht scheinen, sondern ist gerecht“ (592) eine offene Huldigung an den aristokratischen Führer seiner Zeit, die das Theaterpublikum verstand, als es seine Augen auf den anwesenden Aristeides richtete (Plut. Arist. 3). Mit der Warnung vor Unbesonnenheit und Hybris und dem Lob des Meson im staatlichen Leben, wie es an mehreren Stellen der „Eumeniden“ ausgesprochen ist (516. 686 ff. 978. bes. 529 ff.), berührt der Dichter sich eng mit konservativen Zielsetzungen der aristokratischen Gruppe und der Vermittlungspolitik Kimons und wendet sich gegen das demokratische Vorgehen. Und wie eine Abkehr von dem auf dem Wege der Demokratisierung unaufhaltsam fortschreitenden Athen mag es erscheinen, wenn der greise Dichter bald nach der Aufführung des letztgenannten Stückes (458) Athen verläßt, um in Sizilien seine letzten Tage zu verbringen. Als Parteigänger der aristokratischen Gruppe darf Aischylos nicht angesehen werden, aber die angeführten Stellen erlauben es, ihn, wenn auch mit Vorbehalt, in den Zusammenhang der antidemokratischen Strömung einzureihen [176].

Leichter und sicherer ist eine solche Einreihung für zwei in diesem Zeitraum entstandene Schriften, die deutlich eine dem attischen Demos und seinem Führer abträgliche Tendenz verraten. Sie stammen zwar aus der Feder von zwei Nichtathenern. Beide aber haben, der erstere kurz, der zweite länger, in Athen Aufenthalt genommen.

Über Themistokles, Kimon und Perikles hören wir die Stimme eines athenischen Bündners aus dem Munde des Ion von Chios in seinen zwischen 440 und 430 abgefaßten Epidemiai (Hypomnemata) [177]. Während Themistokles nur kurz verächtlich gestreift (fr. 4. 5) und von Perikles manch Ungünstiges gesagt wird (fr. 5. 8), wird Kimon besonders in seiner vornehmen, aristokratischen Art hervorgehoben (fr. 4. 5. 6). Diese Stellungnahme Ions ist wohl zu verstehen. Ein Aristokrat der Insel Chios, die neben Samos und Lesbos eine gewisse Selbständigkeit im attischen Bundesgebiet beibehielt, mußte sich zu Kimon, der für Wahrung der Autonomie der Bundesgenossen eintrat, hingezogen fühlen. Dazu kam, daß er sich mit Kimon in der Hinneigung gegen Sparta einig wußte [178]. Zudem war er Gastfreund des spartanischen Königs Archidamos (Bergk, PLGr. 2, 252 fr. 2). Ion hat auch die Worte aufbewahrt, die Kimon in lakonischer Kürze und Schlagkraft bei der Debatte über die Waffenhilfe für Sparta im Jahre 462/61 sprach (fr. 7 Müller = Plut. Kimon 16). Diese Worte scheinen Ion selbst den größten Eindruck von Kimon und seiner Politik erweckt zu haben. Aus dieser Gesinnung und politischen Stellungnahme heraus ergibt sich die Beurteilung der in den

---

[176] Zum Angeführten vgl. besonders Wilamowitz-Möllendorff, Gr. Tragödien 2, Berlin 1902, 309 f; W. Nestle, Die Weltanschauung des Aischylos, N. J. kl. Alt. 1907, 306; M. Pohlenz, Die gr. Tragödie, Leipzig-Berlin 1930, bes. 130 u. F. Ollier, Le Mirage Spartiate 142 ff.

[177] Vgl. Schmid-Stählin, Gesch. d. gr. Lit. I 2, 514 ff., 674 ff. Fr. der Hypomnemata in Müller, FHG 2, 44 ff.

[178] Nauck Frag. trag.², 745 fr 63. Dazu Schmid-Stählin, Gesch. d. gr. Lit I, 2, 516, 5 u. F. Ollier a. a. O., 148 f.

Hypomnemata geschilderten Persönlichkeiten. Wie weit der Verfasser mit der antidemokratischen Bewegung in Verbindung stand zu der Zeit, da er seine Schrift herausgab, ist nicht festzustellen. Aber als Äußerung einer antidemokratischen Stimmung bei den Bundesgenossen sind seine Ausführungen von Interesse.

Ungleich schärfer als bei Ion von Chios kommt Stimmung und Haß gegen die Demokratie und Perikles bei Stesimbrotos von Thasos in der nach 430 entstandenen Schrift „Über Themistokles, Thukydides und Perikles“ zum Ausdruck[179]. Gegen Themistokles schleudert der Verfasser seine Vorwürfe und Verdächtigungen (fr. 1. 2. 3). In ähnlicher Verzerrung wird die Person des Perikles gezeichnet (fr. 5. 10 a. 10 b. 11). Kimon, obgleich der Zerstörer der Vaterstadt des Thasiers, wird, wenn es auch an einzelnen mißgünstigen Nachrichten über seine Familie, besonders Elpinike, nicht fehlt, im allgemeinen hervorgehoben (fr. 4. 6. 7). Über Thukydides, der nach dem von Athenaios 13, 56 p. 589 DE überlieferten Titel der Schrift noch behandelt gewesen sein muß, fehlen Nachrichten, vor allem, da ihm Plutarch, dem wir mit einer einzigen Ausnahme alle Fragmente verdanken, keine Biographie gewidmet hat. Die Schrift des Thasiers zeigt eine überaus starke Gegnerschaft gegen die beiden demokratischen Führer, von denen der erstere den Grund zur attischen Seemacht legte, während der letztere in der Ausgestaltung der attischen Herrschaft in der Ägäis den Abschluß bildete. Diese Gegnerschaft äußert sich in maßlosen persönlichen Angriffen und Verleumdungen und findet ihre Erklärung, abgesehen von der persönlichen Schmähsucht des Verfassers, in der unterdrückten Stellung der Bundesgenossen. Andererseits zeigt der Verfasser eine gewisse Vorliebe für die Männer der aristokratischen Politik, mit denen er in seiner Gegnerschaft gegen die Demokratie übereinstimmt. Dieses Pamphlet, das nach Art einer Flugschrift Verbreitung gefunden haben mag, ist sicher mit irgend einer Clique der antidemokratischen Strömung in Zusammenhang zu bringen und verdient als Stimmungsbild für die letzten Jahre der perikleischen Herrschaft Beachtung.

Zu diesen aus der Zeit des Perikles selbst uns überlieferten Äußerungen kommt noch eine Flut von verleumderischen Nachrichten und mißgünstigen Beurteilungen des Volksführers in der ganzen nachperikleischen Literatur wie bei Aristoph. Pax 605; Aristot. A. P. 27; Plato Gorgias 516 e; Plut. Per. 4. 11 u. ö. Die Einheitlichkeit der hier vorgebrachten Vorwürfe läßt, wie richtig gesehen wurde[180], vermuten, daß hier Äußerungen der antidemokratischen Opposition aus der Zeit des Perikles ihren Nachhall finden, Äußerungen, die damals von Mund zu Mund gingen und erst in der Zeit des peloponnesischen Krieges Aufzeichnung fanden. Es erscheint natürlich, daß die antidemokratischen

---

[179] Fr. bei F. Jacoby, FGrHist. 2 B, n. 107, S. 516 ff. S. auch Kommentar von Jacoby, 2 B, 343 ff. Vgl. R. Laqueur in RE 3 A, 2463 ff.; Schmid-Stählin a. a. O., 676 f. u. Ollier a. a. O., 144 ff.

[180] H. Willrich, Perikles, 174 u. K. I. Gelzer, Die Schr. v. Staate d. Athener, Berlin 1937, 89.

Kreise keine Gelegenheit versäumten, Greuelnachrichten jeglicher Art gegen den Führer des Demos und sein Werk in Umlauf zu setzen.

All die vorgetragenen Äußerungen der antidemokratischen Strömung offenbaren, abgesehen von Aischylos, der in seinen „Eumeniden" das Programm des Meson als positives Ziel der damaligen antidemokratischen Politik erkennen läßt, eine rein negative Haltung der Antidemokraten. Nichts als Abneigung, gehässige Gesinnung und Verleumdung hatten alle, die irgendwie gegen die Demokratie standen, gegen den Mann, der allein an der Spitze des Staates stand. Der Widerstand zeigte sich in breitester, jedoch noch ungefährlicher Form.

Angriffe der antidemokratischen Kreise auf Perikles bis zu dessen Sturze

Ein gefährliches Anwachsen und Hervortreten der antidemokratischen Opposition zeigen uns die bekannten Prozesse, die gegen die Umgebung des Perikles angestrengt wurden. Sie sind in unserem Zusammenhang von Wichtigkeit. Die Anklage gegen Aspasia (Plut. Per. 32), die der Komödiendichter Hermippos erhob, der auch in seinen Komödien, wie wir sahen, heftig gegen Perikles vorging, richtete sich offen gegen den demokratischen Führer und traf ihn empfindlich (Aischines bei Plut. Per. 32; Antisth. bei Athen. 13, 589 e). Ebenso zielte die Anklage gegen Pheidias auf Perikles. Das zeigen die in diesem Punkt übereinstimmenden und gewiß glaubwürdigen Berichte bei Plut. Per. 31 und Diodor 12, 39, 1. Ja dieser berichtet gar (12, 39, 2) von einer Anklage gegen Perikles. Ebenso spricht aus beiden Berichten deutlich, daß der Prozeß von gewissen Hintermännern inszeniert war. Vergegenwärtigen wir uns, aus welchen Kreisen die Gegnerschaft gegen die Baupolitik des Perikles gekommen war und auch jetzt noch kommen mußte, so werden uns die Hintergründe des Prozesses klar.

Das gleiche gilt für den Prozeß gegen Anaxagoras (Plut. Per. 32, Diodor 12, 39, 2). Den Antragsteller Diopeithes, einen Mann von streng konservativer Gesinnung, Anhänger des späteren aristokratischen Führers Nikias (Schol. Aristoph. Equit. 1085), später in Sparta tätig (Xen. Hell. 3, 3, 3), können wir mit Sicherheit dem Kreis der Aristokraten zurechnen. Wir sehen in dem Prozeß einen Vorstoß dieser Kreise, diesmal aus der religiös-konservativen Stellung heraus, die wohl weite Kreise der Bürgerschaft gegenüber der modernen Aufklärung, wie sie Anaxagoras vertrat und der Perikles zugetan war, mit den Oligarchen teilte. Der Prozeß trägt dabei politischen Charakter, denn Gottlosigkeit war ein politisches Verbrechen [181]. Anaxagoras sah sich genötigt Athen zu verlassen. Deutlich war damit der Verdacht der Gottlosigkeit gegen Perikles geschleudert, wie Plut. Per. 32 und Diodor 12, 39, 2 berichten. Dazu würde passen, daß nach Hermippos (bei Diog. Laert. 2, 13) und Sotion (bei Diog. Laert. 2, 12) Perikles selbst seinen Freund verteidigt habe. Der Peripatetiker Satyros (bei Diog. Laert. 2, 3, 9) sagt schließlich, den Prozeß habe Thu-

---

[181] F. Pfister, Die Religion der Gr. u. Römer, Leipzig 1930, 226.

kydides, der Sohn des Melesias, angestrengt. Diese Nachricht ist sehr wohl glaubhaft [182]. Wir werden damit mit größerer Deutlichkeit in das Lager der Persönlichkeiten und Gruppen gewiesen, aus denen diese Angriffe gegen Perikles kommen mußten [183].

Für die vorliegende Untersuchung haben diese Prozesse ihre Bedeutung als Äußerungen einer antidemokratischen Strömung auch ohne die genaue Festlegung ihrer Chronologie. Deswegen sei nur kurz auf die umstrittenen Datierungsfragen eingegangen. Ein Zweig der Überlieferung, Diodor 12, 39 nach Ephoros und Plutarch Per. 31. 32 (Überarbeitung des Ephoros mit verschiedenen Zusätzen), berichtet uns diese Prozesse in zusammenhängender Folge für das Jahr 432. Durch diese Angriffe sei die Stellung des Perikles so erschüttert worden, daß er, um die Aufmerksamkeit von sich abzulenken, den peloponnesischen Krieg entfesselt habe. Die Neueren schlossen sich großenteils dieser Überlieferung an [184]. Andere sind etwas vorsichtiger [185]. Und mit Recht. Thukydides bringt unter den Aitiai des Krieges von diesen Prozessen gegen Perikles kein Wort und gibt damit entscheidend zu erkennen, daß diese Momente für den Ausbruch des Kriegs keine Bedeutung hatten. Die chronologische Ansetzung bei Plut. und Diod. entbehrt auch vielfach ihrer inneren Wahrscheinlichkeit und Glaubwürdigkeit. Sie scheint ad hoc erfolgt zu sein. Wenn wir den Prozeß gegen Aspasia in das Jahr 432 verlegen, so zeigt der Freispruch, daß die Stellung des Perikles unerschüttert war. Man darf wohl kaum so weit gehen wie A. Rosenberg [186], der den ganzen Prozeß für eine Konstruktion der Grammatiker aus einer Stelle des Komödiendichters Hermippos hält. Denn ein Vorgehen gegen die freigeistige Jonierin wegen Gottesfrevels ist aus den religiösen und politischen Motiven heraus, die in diesem Prozeß verquickt erscheinen, wohl denkbar.

Sehr umstritten ist die Chronologie des Pheidias-Prozesses. Die Ansetzung schwankt zwischen 438/37 und 433/32. Judeich [187], der die Beziehung des sogenannten Genfer Papyrus auf Pheidias wieder erwies und dadurch für die Datierung des Prozesses in die Nähe des peloponnesischen Krieges gewiesen wurde, schließt sich in der zeitlichen Festsetzung an Frickenhaus an, der die Anklage gegen Pheidias in das Jahr 433/32 ansetzt [188]. Dagegen tritt A. Rosenberg, a. a. O., 219 ff. mit Ent-

[182] Vgl. Müller-Strübing, Aristoph. u. d. hist. Kritik, 317; Busolt, GG, 3, 1, 496, 1 und neuerdings A. F. Taylor, On the date of the trial of Anaxagoras, Class. Quart. 11, 1917, 81 ff. Dazu die Ausführungen unten S. 62 f.

[183] Zum ganzen Vorgang vgl. auch Schmid-Stählin, Gesch. d. gr. Lit. I 2, 710 ff.

[184] Busolt, GG, 2, 285 setzt die Prozesse zwischen Herbst 433 und 432. Beloch, GG, 2, 1, 296 (vgl. ders., Die attische Politik seit Perikles, 22) setzt sie ebenfalls mit ausdrücklicher Berufung auf Diodor und Plutarch in die Zeit unmittelbar vor Ausbruch des Krieges. Ebenso Miltner, RE 19, 782 f.

[185] E. Meyer, Gesch. d. Alt., 4, 275: Pheidiasprozeß wahrscheinlich 438, Zeitpunkt der beiden anderen Prozesse unbekannt. Ebenso Berve, GG, 2, 4.

[186] Perikles und die Parteien in Athen, 2, N. J. kl. Alt. 35, 1915, 212 ff. Ähnlich Adcock in CAH 5, 478.

[187] Zum Pheidiaspapyrus, Hermes 60, 1925, 50 ff.

[188] Jahrb. d. Arch. Inst. 28, 1913, 342 ff.

schiedenheit für das Jahr 438/37 ein, in welches das Vorgehen gegen den Künstler fallen müsse. Aus einer Gegenüberstellung von Schol. Aristoph. Pax 604 und 990 weist er nach, daß bei Philochoros, der Vorlage des Scholiasten, der Name des Archon für das Jahr 438/37 Theodoros zu Pythodoros verschrieben sei und daher als Name des Archon für 432/31 Skythodoros eingesetzt sei. Der Prozeß fand demnach statt unter dem Archon Theodoros, mithin im Jahre 438/37. Für die nämliche Ansetzung des Prozesses treten auch H. Schrader, Phidias, Frankfurt a. M., 1924, 25 f., E. Meyer, a. a. O., Berve a. a. O., Willrich, Perikles, 188 ff. und F. E. Adcock, CAH, 5, 479 ein. Neuerdings hat C. Praschniker, Zur Dat. d. Pheid. Prozesses (Epitymbion f. H. Swoboda), Reichenberg 1927, 210 ff. sich wieder für 432 eingesetzt [189]. Die Pheidiasfrage ist mit den bisherigen Mitteln wohl kaum eindeutig zu lösen [190].

Wenden wir uns dem Prozeß gegen Anaxagoras zu, so begegnet uns eine ähnlich schwierige Datierungsfrage. Rosenberg a. a. O., 219 ff. will den Prozeß überhaupt aus der Welt schaffen und betrachtet ihn als eine Erfindung hellenistischer Autoren. Wir würden mit dieser Annahme für unsere Untersuchung nichts gewinnen und nichts verlieren. Wenn aber Anaxagoras bereits auf den allgemeinen Antrag in der Volksversammlung hin Athen verlassen hat, so besagt das ebenfalls, daß es auf einen Angriff gegen seine Person abgesehen war (Plut. Per. 32). Dieses Vorgehen will Rosenberg auf den Sommer 430 ansetzen. Er weist darauf hin, daß ein Vorgehen gegen Gottesfrevler vorzüglich in die Zeit der Pest passe, wo das Vorhandensein eines atheistischen Philosophen in Athen nach der Volksmeinung den weiteren Zorn der Götter hervorrufen mußte. Diese Argumentation hat zunächst manche Wahrscheinlichkeitsgründe für sich. Aber war ein solcher Antrag gegen Gottesfrevler nicht auch sehr gut denkbar und möglich in dieser Zeit, ohne daß Anaxagoras in Athen weilte? Diese Frage ist unbedingt zu bejahen. Dann verdienen die Ausführungen A. E. Taylors gebührende Beachtung, nach denen es in höchstem Grade wahrscheinlich gemacht wird, daß Anaxagoras von Thukydides, dem Sohne des Melesias, angeklagt, Athen vor 432, wohl schon 450 verlassen hat [191]. Adcock in CAH, 5, 478 schließt sich Taylors Ausführungen an [192]. Dazu paßt auch Plut. Per. 32, wo es heißt, Perikles habe für das Schicksal seines Freundes gebangt und ihn zum Wegzug aus der Stadt veranlaßt. Das stimmt auch gut zum Bilde

---

[189] Dort auch S. 211 neue Lit.

[190] Vgl. auch Th. Lenschau, Bursians Jahresb. 244, 1934, 56 u. Miltner in RE 19, 779.

[191] A. E. Taylor, a. a. O., 81 ff. Taylor kommt zu dem Ergebnis, daß die Nachricht des Satyros bei Diog. Laert. 2, 3, 9, welche von einer Anklage des Anaxagoras wegen Gottlosigkeit und Medismos vonseiten des Parteiführers Thukydides spricht, volle Glaubwürdigkeit besitze, daß also die Verfolgung und Vertreibung des klazomenischen Philosophen aus Athen an den Beginn der politischen Laufbahn des Perikles zu setzen sei, nicht an deren Ende.

[192] Auch Fiehn in RE 6 A, 626 hält die Anklage des Thukydides gegen Anaxagoras für geschichtlich. Jedoch kann dies nach dem Gesagten nicht mehr, wie Fiehn meint, ein Beweis sein für die Rückkehr des Thukydides aus der Verbannung, vgl. S. 52.

des Thukydides. Wir haben damit einen Beweis für die Tätigkeit des großen aristokratischen Parteiführers noch in der Zeit Kimons und unsere Erkenntnis dieser durch inneres Geschehen wenig bekannten Zeit ist ein Stückchen reicher. Mit all dem Angeführten widerlegt sich auch die Ansetzung des Anaxagoras-Prozesses in das Jahr 431/30 von seiten Willrichs, Perikles, 216. 235.

Fassen wir zusammen. Die ungenaue Berichterstattung des Altertums hat die moderne Forschung in verschiedene Bahnen gelenkt. Eine genaue Lösung der umstrittenen Fragen ist nicht dieses Ortes und wohl überhaupt kaum möglich. Fest steht nur, daß diese Prozesse nicht mit Sicherheit in das Jahr 432 verlegt werden können und daß sie daher für den Ausbruch des Krieges keine Rolle gespielt haben. Diese Tendenzprozesse, wie Taeger, Thukydides, 68 richtig sagt, behalten aber für unsere Untersuchung die größte Bedeutung durch die Tatsache, daß ein oligarchischer Hintergrund nicht zu verkennen ist. Wir sehen eine Opposition, die zwar äußerlich unterdrückt war und auch zeitweise verschwunden zu sein schien, wieder am Werk. Sie fühlte sich aber noch zu schwach, einen unmittelbaren Schlag gegen ihren Hauptgegner Perikles zu führen. Von einer Anklage gegen diesen selbst kann in dieser Zeit keine Rede sein. Denn die Anklage bei Plut. Per. 32 ist offensichtlich eine Dublette der späteren vom Jahre 429. Jedoch alle Angriffe gegen die Umgebung des demokratischen Führers zielten auf diesen selbst ab.

Es ist wohl verständlich, daß es während der 15jährigen Staatsführung des Perikles auch Gelegenheiten gab, wo die antidemokratische Bewegung wieder ihr Haupt erhob, wenn sie auch nicht recht zum Durchbruch kam. Ein fester Zusammenschluß zu einer Partei wie unter Thukydides war nicht mehr möglich [193]. Die Persönlichkeiten, die die Prozesse anstrengten, gehörten zwar nicht unmittelbar dem Adel an. Es waren aber nur vorgeschobene Personen. Eine oligarchische Gruppe erscheint als die treibende Kraft im Hintergrund. Sie muß auch zu den Angriffen der Komödie in einem für uns nicht mehr recht faßbaren Zusammenhang gestanden haben. Die Hintermäner dieses Treibens mögen einen Sammelpunkt für ihre Bestrebungen in einer Hetairie gefunden haben. Das Vorgehen mittels der Prozesse läßt vermuten, daß es sich bereits um die Hetairien handelt, die Thukydides 8, 54 als *ξυνωμωσίαι ἐπὶ δίκαις καὶ ἀρχαῖς* bezeichnet, die also ihre Aufgabe in gegenseitiger Unterstützung bei Ämterbewerbungen und Prozessen sahen. Gerade bei politischen Anklagen konnten die Hetairien ihre Tätigkeit entfalten [194]. Es war eine abwartende Opposition, die sich hier kundtat, die im Angriff auf die Demokratie und ihren Führer das einzige Ziel sah und dabei keine Gelegenheit versäumte. Es wäre nicht ausgeschlossen, daß hinter

[193] Gegen Miltner, RE 19, 782.

[194] Vgl. Calhoun, Ath. clubs in pol. and litig., 98 ff. und Bonner, a. a. O., 61 f. Man vgl. das Vorgehen der Hetairien 411 und 404, wo der Boden für den Umsturz vorbereitet wurde durch Prozesse und gerichtliche Verfolgungen gegen die führenden demokratischen Männer.

all diesem antidemokratischen Treiben die Persönlichkeit des Thukydides, des früheren Parteiführers, gestanden hätte [195]. Er war im innerpolitischen Kampfe gewandt und hatte schon vor seiner Verbannung die Hetairien als geeignetes Mittel bei seinem Vorgehen verwendet. Jetzt konnte er nicht mehr offen gegen seinen alten Gegner hervortreten, umso sorgfältiger wußte er sich wohl im Hintergrund zu halten und durch Hetairien zu wirken [196]. Noch war es zwar den Hetairien nicht möglich großen politischen Einfluß auszuüben. Sie gewannen aber an Bedeutung, als der peloponnesische Krieg in seinem Verlauf immer mehr den Charakter eines Kampfes zwischen Demokratie und Oligarchie annahm. In dieser Zeit verbreiteten sich die oligarchischen Verbindungen über ganz Griechenland, vor allem in den athenischen Bundesstädten, stets bereit mit Hilfe Spartas die demokratische Verfassung zu stürzen. In Athen spielten die Hetairien im Verlauf des Krieges und besonders bei seinem unglücklichen Ausgang eine entscheidende Rolle für das Schicksal der Stadt. In unserer Zeit gestattet die Überlieferung nicht mehr als Vermutungen anzustellen, wenn man auch von den bei den Prozessen vorgeschobenen Personen sagen könnte, was Aristoph. Vesp. 344 ff. im Scherz von Bdelykleon sagen läßt: *οὐ γὰρ ἄν ποθ' οὗτος ἀνὴρ τοῦτ' ἐτόλμησεν λέγειν, εἰ μὴ ξυνωμότης τις ἦν.* Eine Opposition gegen Perikles und das demokratische Regiment war also stets vorhanden. So wurden, um es hier zu erwähnen, im Jahre 433/32 zwei persönliche Gegner des Perikles zu Strategen gewählt, nämlich Lakedaimonios, der Sohn Kimons (Thuk. 1, 45, 2) und Drakontides, der spätere Ankläger des Perikles (Thuk. 1, 51, 4).

Dieser antidemokratischen Opposition fehlte auch nicht die typische Tuchfühlung mit Sparta. Das zeigen uns zwei Vorgänge zu Beginn des peloponnesischen Krieges. Sie lassen ersehen, daß sich sowohl Athen einer oligarchischen Opposition bewußt war als auch Sparta auf eine Spaltung in Athen rechnete. In den diplomatischen Verhandlungen des Winters 432/31 forderten die Spartaner die Vertreibung des fluchbeladenen Geschlechtes der Alkmaioniden (Thuk. 1, 126), dem Perikles mütterlicherseits angehörte. Sinn und Bedeutung dieser Forderung hat uns Thuk. 1, 127, 2 klar überliefert. Die Spartaner glaubten keineswegs, daß die Stellung des Perikles so schwach sei, daß es zu der geforderten Auslieferung seiner Person kommen werde. Aber sie wußten, daß gegen den Alkmaioniden eine stete und zähe Opposition vorhanden war, der sie mit dieser alten Kampfparole [197] vielleicht neuen Impuls geben konnten. Sparta, das nur widerwillig und zaudernd in den Kampf mit Athen eintrat (Thuk. 1, 80 ff. u. ö.) glaubte, vielleicht mit Hilfe der Oligarchen die Stellung des Volksführers, der zum Kriege drängte, untergraben zu können, um so den Ausbruch des Krieges zu verhindern. Auf jeden Fall

---

[195] Vgl. Miltner, a. a. O. und Beloch, GG, 2, 1, 314.

[196] Es ist dies allerdings nur Vermutung.

[197] Vgl. Hdt. 5, 70. 1, 61. u. Aristoph. Equit. 445. S. auch Meyer-Stier, Gesch. d. Alt. 3^2, 591 u. M. Nimsch, Genealogie u. Familientrad. bei d. ält. gr. Hist., Diss. Leipzig 1923, 62.

rechnete man mit dieser Opposition, für uns ein Zeichen ihres Vorhandenseins und ihrer Stärke.

Auch Perikles selbst wußte, daß er es mit einer starken Opposition zu tun hatte, die durch Bereitschaft zum Verhandeln mit Sparta den Krieg zu verhindern suchte. Im Frühjahr 431 wurde vor Aufbruch des peloponnesischen Heeres nach Attika der Gesandte Melesippos nach Athen geschickt, um eine letzte Beilegung des Kampfes zu versuchen. Er wurde jedoch nicht in die Stadt, geschweige denn vor die Volksversammlung gelassen. Perikles hatte schon zuvor einen entsprechenden Antrag zur Annahme gebracht. Der Spartaner wurde unter Bedeckung an die Grenze gebracht, „damit er mit keinem Menschen zusammenkommen könne“ (Thuk. 2, 12). Diese vorsichtige Maßnahme findet ihre Erklärung in dem Vorhandensein einer starken Gruppe, die ein Einvernehmen mit Sparta zu erreichen hoffte. Es ist hier an dieselben Kreise der Antidemokraten zu denken, deren Demokratenfeindlichkeit stets mit einer freundlichen Haltung zu Sparta verbunden war.

Der Verlauf des Krieges brachte eine Verschärfung der Opposition und eine Erweiterung ihrer Anhängerschaft. Perikles bestimmte im Hinblick auf die militärische Lage Athens den Kriegsplan. Durch die Preisgabe und Räumung des attischen Landes aber waren alle Schichten getroffen, deren Existenz agrarisch fundiert war. Es waren vor allem die Kreise der Aristokratie, deren Reichtum von alters her in Grundbesitz bestand, und die, mochten sie sich auch jetzt schon zum Teil dem Handel und der Industrie zugewandt haben, doch immer noch ihre Güter auf dem Lande besaßen. Sie hatten Verwüstung und Verlust ihres Eigentums zu erwarten. Kein Wunder, daß sie gegen den von den besitzlosen Klassen getragenen Kriegsplan in heftigste Opposition traten. Perikles wußte selbst, daß von dieser Seite und unter diesem Gesichtspunkte der Widerstand gegen seine Pläne kommen werde (Thuk. 2, 13). Die antidemokratische Strömung mußte auch die wieder erfassen, die unter dem Eindruck der Persönlichkeit des Perikles von einer Gegnerschaft gegen das demokratische Regiment abgesehen hatten. Die vorhandenen oligarchischen Clubs wußten wohl diese Stimmungen zur Agitation zu benützen.

Es war wie ein Wiederaufleben der antidemokratischen Opposition nach der Schlacht bei Salamis, wo der Kriegsplan des Themistokles ebenfalls Preisgabe und Räumung des flachen Landes zu bringen drohte. Damals war es gelungen den demokratischen Führer zu stürzen. Auch damals taten sich die besitzenden Bürger und Bauern der Mittelklasse mit den Bestrebungen der aristokratischen Gruppe zusammen [198]. Nicht anders jetzt, wo die vorhandene Mißstimmung in der Bauernschaft (Thuk. 2, 14—21), wohl geschürt von den oligarchischen Gruppen, von selbst zu einem Zusammengehen und zu gemeinsamem

[198] Die Bauern bildeten stets ein konservatives Element und standen, wie sich zeigte, immer in einem gewissen Gegensatz zu den Bestrebungen der Bewohner der Stadt und des Piräus, vgl. M. Rostovtzeff, A Hist. of the Ancient World, 1, 291.

Handeln führte. Perikles mußte die Opposition bereits mit Gewalt zur Ruhe zwingen (Thuk. 2, 21 f.). Als nun gar die Pest hereinbrach und alle Initiative lähmte (Thuk. 2, 47 ff.), gingen — wir dürfen annehmen auf Veranlassung der antidemokratisch-spartanerfreundlichen Gruppe — Gesandte nach Sparta, jedoch ohne Erfolg (Thuk. 2, 59). Der Groll richtet sich nun allgemein gegen Perikles (Thuk. 2, 59 ff.).

In dieser letzten Zeit des perikleischen Regiments ist die Opposition der Oligarchie und des Bauerntums von der Gegnerschaft der radikalen Demokraten nicht leicht zu trennen. Jedoch zeigen uns die Ausführungen, die Thuk. 2, 60 ff. den Perikles in einer Rede gegenüber all den Angriffen vorbringen läßt, von welcher Seite vorzugsweise die Angriffe kamen (Thuk. 2, 62, 3). Der Appell des Volksführers, Gemeinnutz vor Eigennutz zu stellen (2, 60), verhallte ungehört. Die grundbesitzenden Oligarchen waren es vor allem, die am Sturze des Perikles mitarbeiteten (Thuk. 2, 65, 2). Der Olympier wurde wegen Unterschlagung angeklagt, zu einer Geldstrafe verurteilt und verlor damit das Strategenamt, das er 15 Jahre lang ununterbrochen bekleidet hatte (Thuk. 2, 65). Seine baldige Wiederwahl 429 war ohne weitreichende Bedeutung, da er im August des gleichen Jahres der Pest erlag (Thuk. 2, 65). Die Beseitigung des großen demokratischen Führers brachte jedoch keinen Sieg der antidemokratischen Opposition mit sich, so sehr sie auch am Sturze beteiligt gewesen war. Die Früchte des Vorgehens rissen die radikalen Demokraten an sich [199].

Das Typische an der antidemokratischen Strömung zur Zeit des Perikles war, daß sie eine nicht recht faßbare Gegnerschaft gegen den demokratischen Staat und seinen Führer darstellte, eine oppositionelle Bewegung, die unter der Asche glühte, aber vielleicht desto gefährlicher war. Oligarchische Cliquen, zusammengeschlossen in Hetairien, waren die Träger dieser antidemokratischen Bewegung, die aber im Gegensatz zur vorausgehenden Zeit kein positives Programm, kein positives Ziel verfolgte, sondern nur in gehässiger Gegnerschaft und in gehässigem Angriff auf den demokratischen Führer ihre Aufgabe sah. Zu welcher Geisteshaltung diese Gegnerschaft in den Kreisen der Oligarchen führen konnte, wird sich zeigen.

VII. PSEUDO-XENOPHON

1. Einordnung der Schrift in den Zusammenhang der antidemokratischen Strömung

Die antidemokratische Strömung, wie sie uns von der Zeit der ausgehenden Tyrannis bis zum Tode des Perikles entgegentrat, konnte an Hand der Persönlichkeiten und Ziele der aristokratischen Politik verfolgt werden. Nur selten gestatteten die Quellen einen genaueren Ein-

---

[199] Der bei Plut. Per. 32 als Ankläger des Alkmaioniden genannte Drakontides ist mit dem bei Aristot. A. P. 34, 3 genannten Drakontides nicht identisch. Es läßt sich nicht feststellen, ob er den Oligarchen oder den radikalen Demokraten zugerechnet werden muß. Vgl. H. Swoboda in RE 5, 1663 f.

blick in die Anschauungen, die Geisteshaltung und Denkweise der antidemokratischen Kreise, nie sprach diese Opposition etwa durch den Mund eines Anhängers unmittelbar zu uns. Erst gegen Ende des zur Behandlung stehenden Zeitraums eröffnet sich uns in dem Werk eines unbekannten Verfassers eine Quelle von größter Bedeutung für die innerpolitischen Auseinandersetzungen in Athen. Es ist die unter dem Namen des Xenophon überlieferte, jedoch diesem Historiker aus zeitlichen, inhaltlichen und sprachlichen Argumenten mit Sicherheit abzusprechende Schrift vom Staate der Athener (Ps. Xen. A. P.). Es soll nun der Versuch gemacht werden, die Schrift in den Zusammenhang der antidemokratischen Strömung einzugliedern.

Es darf dabei m. E. als gesichert vorausgesetzt werden, daß es sich in der A. P. um die in den ersten Jahren des peloponnesischen Krieges entstandene Schrift eines athenischen Oligarchen handelt, der mit der politischen Leidenschaft seiner Richtung die Demokratie und ihre Einrichtungen einer scharfen Kritik unterzieht [200]. Die A. P. ist eine ausgesprochene Kampfschrift gegen die Demokratie.

Zusammenhänge mit den Hetairien

Als Kampfschrift eines Oligarchen gegen die Demokratie muß die A. P. mit den oligarchischen Bestrebungen ihrer Zeit in Zusammenhang stehen. Die Oligarchen fanden sich, wie bereits gezeigt, in ihrem Haß

[200] Für Ps. Xen. A. P. immer noch grundl. E. Kalinka, Die pseudoxenophontische A. P., Einleitung, Übersetzung, Erklärung, Leipzig u. Berlin 1913. — Datierung u. Charakter der Schrift sind vielfach umstritten. Zur Datierungsfrage vgl. Kalinka, Einleitung 5 ff., der die bis auf seine Zeit erschienene Forschung zusammenfaßt. Nach ihm haben u. a. zur Datierungsfrage besonders Stellung genommen: F. Taeger, Thukydides, Stuttgart 1925, 174, der aus 2, 18 irrtümlicherweise (vgl. Anm. 209) das Jahr 428 als terminus post quem erschließen will; dann M. Kupferschmid, Zur Erklärung der pseudoxenophontischen A. P., Diss. Hamburg 1932, 8, die aus der gleichen Stelle 2, 18 das Jahr 426 als terminus post quem festsetzt; F. Ollier, Le Mirage Spartiate, Paris 1933, 165 spricht sich für eine Abfassungszeit in den ersten Jahren des peloponnesischen Krieges aus, während H. U. Instinsky, Die Abfassungszeit d. Schrift vom Staate d. Athener, Diss. Freiburg 1933 die Entstehung der Schrift in die Jahre 440—437 bzw. 440—432 setzen will. Gegen ihn hat mit Recht neuerdings K. I. Gelzer, Die Schrift vom Staate der Athener, Berlin 1937, 64 ff. Stellung genommen. — Auch über Charakter und Zweck der Schrift ist sich die Forschung noch nicht einig, vgl. Kalinka 41 ff. Es darf aber kein Zweifel bestehen, daß die A. P. eine ausgesprochene Parteischrift gegen die Demokratie darstellt, vgl. Christ-Schmid, Gesch. d. gr. Lit. 1 [6], 1912, 477; W. Aly, Philol. Suppl. 1929, 61; Schoeffer in RE Suppl. 1, 348; W. Jaeger, Paideia, Berlin-Leipzig 1934, 252; M. Rostovtzeff, A Hist. of the Ancient World 1, 289 u. a. m. Anders Gelzer 83, Kalinka 39 ff. und Geffcken, Gesch. d. gr. Lit., Heidelberg 1936, 304, der alle Schwierigkeiten zu überbrücken meint, wenn er die A. P. „eine attische politische Gelegenheitsschrift eines wissenschaftlich denkenden Aristokraten" nennt. — Den Charakter der A. P. als Kampfschrift gegen die Demokratie bezeugt deutlich die Einleitung, wo eine grundsätzliche Ablehnung der Demokratie vom Standpunkt des Oligarchen ausgesprochen wird (gegen Kalinka 53), verrät der Gebrauch der termini schlagend, lassen die zahlreichen Vorwürfe und Beschuldigungen gegen die Demokratie erkennen und beweisen die zahllosen Übertreibungen und Entstellungen, mit denen der Verfasser das Bild der Demokratie zeichnet. Der Fortgang der Untersuchung wird diese Tatsache noch erhärten.

gegen die Demokratie in Hetairien zusammen. Die Schrift vom Staate der Athener richtet sich nun, wie der Text wiederholt erkennen läßt (1, 4. 1, 6. 1, 7. 1, 9. 1, 15. 2, 19. 2, 20. 3, 1. 3, 3. 3, 6. 3, 9. 3, 12 u. ö.), an Gleichgesinnte, an Parteigenossen. Es darf daher die Vermutung ausgesprochen werden, daß unsere Schrift mit den Hetairien in Zusammenhang zu bringen ist [201]. Der Versuch aber, die Schrift vom Staate der Athener mit Sicherheit den Hetairien zuweisen, begegnet großen Schwierigkeiten, einmal wegen der ungenügenden Anhaltspunkte, welche die A. P. selbst bietet, dann wegen der mangelhaften Nachrichten über die Hetairien, zumal aus dieser Zeit. Unternommen ist in aller Kürze ein solcher Versuch bei M. Schmidt [202], der den Verfasser unserer Schrift der Hetairie des Thukydides, des großen Gegenspielers des Perikles, zuweisen möchte, die verschiedene tüchtige Redner umfaßte (Plut. Per. 14, 1). Denkbar wäre es, daß unser Oligarch aus diesem Kreise hervorgegangen ist; doch sind seine Ausführungen auch ohne diese unsichere Annahme, die bereits von Müller-Strübing 126 in seiner heftigen Art bekämpft wurde, für den Wandel der Gesinnung, der sich seit der Ausschaltung der aristokratischen Politik in den Köpfen der Antidemokraten vollzog, von Bedeutung. Aus der A.P. selbst kann nur mit Vermutungen auf einen Zusammenhang mit den Hetairien geschlossen werden.

Vischer [203] bezeichnet als einen Hauptgrund des Zusammenschlusses in Hetairien das Gefühl der Zurücksetzung, das bei Oligarchen in Demokratien wach wurde. Die gleiche Rechtstellung aller Bürger, die zu einer Herrschaft des Demos, der Masse wurde, mußte bei den Aristokraten ein solches Gefühl der Zurücksetzung hervorrufen, vgl. Aristot. Pol. 3, 1279 b 8. 5, 1271 b 30 u. 6, 1317 b. Dieses Gefühl der Zurücksetzung erscheint auch bei dem Verfasser der A. P. an einigen Stellen wie 1, 1. 1, 2. 1, 4. 1, 9. 3, 13.

In 1, 14 und 3, 10. 11 wird von der Förderung demokratischer Interessen in den Bundesstädten von Seiten des athenischen Demos gesprochen und ebenso vom Zusammenwirken der Aristokraten in Athen und in den Bundesstädten. Der Demos, der sich des Staates bemächtigt, handelt auch in der Außenpolitik nach seinen gesellschaftlichen Interessen. Der Druck, ja die Verfolgungen, unter denen die Aristokraten zu leiden hatten, führte wie in Athen so auch anderwärts zu Zusammenschluß in Hetairien. Diese sind tatsächlich, wie

---

201 So nennt Müller-Strübing, Philol. Suppl. 4, 1884, 69 die Schrift vom Staat der Athener einen λόγος πρὸς ἑταίρους; Christ-Schmid 477 bezeichnet die Schrift als Kodex politischer Kritik für die jungen Aristokraten in der Hetairien; Kalinka 54 hält die A. P. für eine Stegreifrede, vorgetragen bei einer Versammlung einer Hetairie; und Calhoun, Athenian clubs in politics and litigation, Chicago 1913, 114 vermutet, daß solche Schriften von Club zu Club gewandert seien. Alle diese Vermutungen jedoch lassen eine eingehende Begründung vermissen.

202 Memoiren eines Oligarchen in Athen über die Staatsmaximen des Demos, Jena 1876, 10 ff.

203 Kl. Schriften, Leipzig 1877, 155.

Vischer 173 und Ziebarth, Das griechische Vereinswesen, Leipzig 1896, 93 ff. darlegen, in dieser Zeit über ganz Griechenland verbreitet. Diese in den Bundesstädten aus dem gleichen Grunde wie in Athen sich bildenden Hetairien werden die Unterstützung der athenischen gefunden haben. Vielleicht läßt sich so an ein Zusammenwirken der Hetairien denken, wenn der Verfasser unserer Schrift von dem Zusammenwirken der Oligarchen spricht [204].

Die in den Hetairien zusammengeschlossenen Oligarchen versuchten vor allem möglichst viele ihrer Leute an maßgebende Stellen zu bringen, indem sie bei Ämterbewerbungen sich gegenseitig unterstützten [205] und den vor Gericht gezogenen Oligarchen — das Sykophantenwesen z. B. richtete sich auch gegen die Reichen und Vornehmen — auf verschiedene Art und Weise beistanden. Die bei der Eigenart des athenischen Gerichtswesens zahlreichen Möglichkeiten einer solchen Betätigung hat Calhoun 40—96 ausführlich beschrieben. Die Teilnehmer der Hetairien verpflichteten sich eidlich zu gegenseitiger Hilfeleistung, und Thuk. 8, 54 nennt sie *ξυνωμωσίαι ἐπὶ δίκαις καὶ ἀρχαῖς*. In A. P. 1, 16—18 u. v. a. 3, 2—9 haben wir nun eine ausführliche Schilderung der Geschäfte des Rates und der Gegenstände der gerichtlichen Verhandlungen, die über den Rahmen des Programms hinausgeht. Gerade hier, auf dem Gebiete des Rechtswesens und der Prozesse, liegt die Haupttätigkeit der Hetairien. Vielleicht darf daher vermutet werden, daß der Verfasser aus diesen Umständen heraus, vermutlich unbewußt, sich über das Gerichtswesen weiter verbreitet hat.

Allgemeine Gründe und Erwägungen sind es, die am meisten auf einen Zusammenhang mit den Hetairien hinweisen. Jedenfalls scheint der Verfasser an führender Stelle im Kreis der oligarchischen Gruppen gestanden zu haben. Das zeigt die reiche Erfahrung, die in der A. P. zum Ausdruck kommt, die auf eine lange Tätigkeit im politischen Leben und Parteibetriebe schließen läßt. Die Ausführungen des Oligarchen sind ihrer Form wegen wohl mit der politischen Diskussion, wie sie in den Hetairien gewiß üblich war, in Verbindung zu bringen. In die Kreise der Hetairien weisen schließlich die Gedankengänge der Schrift, die hier nicht vorweggenommen werden sollen (vgl. S. 77 ff.). Auch deckt sich die Lehre, die ein oligarchischer Leser bei der Lektüre der Schrift empfangen mußte, mit der von den Hetairien im Kampfe gegen die Demokratie eingeschlagenen Taktik. Abwartende Opposition war, wie bereits gezeigt, gewissermaßen das Programm der Hetairien und abwartende Opposition lehrt auch die A. P.

---

[204] Beispiele für solche Fälle bringt Busolt, GG, 3, 1, 414. 424. 3, 2, 1427 ff.

[205] Für die Ämter, die durch das Los bestellt wurden, kamen nur Leute in Frage, die sich dafür gemeldet hatten. Diese mußten sich einer Prüfung unterziehen, die gewöhnlich vor einem Gerichtshof stattfand. Hier konnten die Hetairien wirken.

Fäden nach rückwärts: Zusammenhänge mit der früheren antidemokratischen Strömung

Bei der Darlegung der bisherigen antidemokratischen Strömung wurde es absichtlich vermieden, Hinweise auf den Verfasser der Schrift vom Staate der Athener zu geben. Es lassen sich aber deutlich die Fäden herausfinden, die die A. P. mit den Anschauungen und Grundsätzen, wie sie bisher in der antidemokratischen Bewegung lebendig waren, verbinden.

Der Verfasser der Schrift nennt seine Parteigenossen besonders häufig „die Edlen und Tüchtigen" und hebt die ethische Bedeutung dieser Bezeichnungen in 1, 5 deutlich hervor. Daraus leitet er den Anspruch auf die Führerstellung dieser Gruppe im Staate ab. Das ist althergebrachte Tradition, die bis in die Zeit des Adelsstaates zurückreicht und die aus der Anschauung entsprungen ist, daß „die Edlen und Tüchtigen und Guten" auch wirklich von Natur aus das sind, was ihre Namen ausdrücken. Man denke an Theognis und vergleiche Aristot. Pol. 5, 1301 b. Bei unserem Oligarchen ist die Grundbedeutung dieser Worte allerdings schon sehr verblaßt; sie sind bei ihm zu Schlagworten und Parteibezeichnungen geworden ähnlich wie in Rom die Namen Optimates und Populares. Doch ist die Schrift noch in die lange Tradition der oligarchischen Gruppe einzureihen. Es zeigen sich jedoch dabei bedeutsame Veränderungen und Umgestaltungen.

In 1, 2 spricht der Verfasser über den Zusammenhang zwischen Seemacht und Demokratie. Er erklärt, daß in Athen *mit Recht* das Volk einen Vorzug vor den Reichen und Vornehmen besitze, da Athens Größe auf der Seemacht beruhe, diese aber getragen sei von den Schichten, die „die Steuerleute, die Rudervögte, die Unterabteilungskommandanten, die Vorderdeckwarte und die Schiffbauer" stellten, während das schwere Fußvolk der oberen Klassen keine besondere Bedeutung habe. Daher sei es auch ganz recht, daß jeder Bürger das aktive und passive Wahlrecht und die Isegorie besitze. Von hier führen deutlich Fäden nach rückwärts. Die aristokratische Schicht hatte sich dem Bau einer Flotte widersetzt in der Erkenntnis, daß die Entwicklung zur Seemacht innenpolitisch eine Demokratisierung mit sich bringen mußte, vor allem durch die unvermeidliche Steigerung des politischen Einflusses des niederen Volkes, der Theten. Was die aristokratischen Führer vorausgesehen und zu verhüten gesucht hatten, das ist jetzt in vollem Umfange eingetroffen, und dem Verfasser unserer Schrift erscheint die Entwicklung als eine zwangsläufige [206]. Daß aber das Ergebnis dieser Entwicklung von ihm nicht begrüßt wird, zeigen die heftigen Vorwürfe in 1, 4 ff.

Gegen die Entwicklung zur Seemacht hatten die antidemokratischen Kreise sich auch in der Befürchtung gesträubt, die Hoplitenmacht, die ihrer agrarischen Lebensfundierung entsprach, würde an Bedeutung ver-

---

[206] Zur angezogenen Stelle vgl. auch A. M. C. Shepard, Sea Power in Ancient History, London 1925, 213 ff.

lieren. Wie berechtigt diese Befürchtungen waren, zeigt der Verfasser in 1, 19—2, 1, wo nochmals der Zusammenhang zwischen Demos, Demokratie und Seemacht herausgestellt und die Bedeutungslosigkeit des schweren Fußvolkes für die Machtstellung des jetzigen Staates festgestellt wird.

Die konservative aristokratische Politik hatte auch die Gefahren gesehen, die eine Entwicklung zur Seemacht für die alten Gewohnheiten, Sitten und Gebräuche bringen konnte. Der oligarchische Verfasser unserer Schrift stellt in 1, 10 u. 2, 7—8 bereits eine Entartung der Athener hinsichtlich ihrer Kleidung, ihres Auftretens, ihrer Lebensweise und ihrer Sprache fest. Die Veränderung in Lebensweise und Tracht läßt sich nicht genau erklären, der Oligarch wird wohl die bereits jetzt beginnende Rassenmischung im Auge gehabt haben [207]. Damit zeigt Ps. Xen. einen gewissen Rassestolz [208], wie wir ihn schon öfters im Verlauf der antidemokratischen Strömung finden konnten. Was der Verfasser schließlich über die Sprachvermischung sagt, ist eine erste Nachricht über die Anfänge der Koine und bestätigt vorige Annahme. In diesen Gedankengängen berührt sich der athenische Oligarch eng mit Sparta, wo man stets einen Widerwillen auch nur gegen Expeditionen zur See hatte, weil man glaubte, wie Thuk. 1, 95 an dem Beispiel des Pausanias klarlegt, daß die Leute in der Fremde verdorben würden.

In 1, 14 wird darauf hingewiesen, wie die Demokraten in Athen ihre Gesinnungsgenossen in den Bundesstädten unterstützen, die Oligarchen aber verfolgen, während ebenso die Oligarchen in Athen gute Beziehungen zu ihren Gesinnungsgenossen in den bundesgenössischen Städten unterhalten. In 1, 16 — 18 wird dargelegt, daß das Parteiinteresse des Demos bei der Behandlung der Bündner maßgebend sei. Vor allem habe Athen die Gerichtshoheit über das Bundesgebiet wegen der Vorteile an sich gezogen, die dem Demos daraus erwachsen, der sich in seiner Stellung als Richter sehr geschmeichelt fühle. Wir werden hier in gewissem Sinne an die den Bundesgenossen freundlich gesinnte aristokratische Politik erinnert, besonders an Thukydides, der im Kampfe gegen Perikles sich gegen die ungerechte Behandlung der Städte vonseiten der demokratischen Regierung wandte und bei den Bundesgenossen in hohem Ansehen stand. Jedoch ist bei unserem Oligarchen nicht mehr an die Autonomie der Städte gedacht, wie bei Aristeides, Kimon und Thukydides, sondern das ganze Verhältnis ist beiderseits durch reine Parteiinteressen bedingt, wie es deutlich in 3, 10—11 zum Ausdruck kommt.

Mit der antidemokratischen Bewegung der vorausgehenden Zeit ist der Verfasser des Staates der Athener auch durch die Ansicht, die er in

---

[207] Das läßt sich trotz des Bürgerrechtsgesetzes des Perikles sagen, vgl. Thuk. 2, 39, 1; dazu A. Diller, Race Mixture among the Greeks before Alexander, Illinois Studies in Language and Literature, 20, 1937, number 1/2, 94. Man vergesse auch nicht die gar nicht seltenen Sklavenfreilassungen vonseiten Privater oder des Staates, dazu Diller, a. a. O., 147 f. Wie sehr diese Sklavenfreilassungen zur Rassenmischung beitragen konnten, zeigt uns die Geschichte Roms. Zu Ps. Xen. 2, 7—8 vgl. Diller, 117; zu Ps. Xen. 1, 10 Diller 146 f.

[208] Vgl. Diller, a. a. O., 155.

2, 9—10 über die Bautätigkeit der Stadt offenbart, verbunden. Bau der Heiligtümer, Erweiterungen und Verschönerungen der Stadt, Erstellung von allgemein nützlichen Bauten geschah und geschieht nach seiner Ansicht nur um des Eigennutzes des Volkes willen. Erinnern wir uns an den heftigen Widerstand, den die Baupolitik des Perikles etwa eineinhalb Jahrzehnte zuvor vonseiten der aristokratischen Politik unter Thukydides erfahren hatte, so sehen wir, wie die damaligen Verdächtigungen und Angriffe in veränderter Form in den Kreisen der Antidemokraten noch weiterleben.

Auch die Ansichten der damaligen antidemokratischen Kreise über die Demokratie allgemein finden sich bei unserem Oligarchen wieder. Der Inhalt der Reden, welche die persischen Großen bei Hdt. 3, 80 ff. vor der Thronbesteigung des Dareios halten, ist dem persischen Denken so fremd wie er dem griechischen verwandt ist. Daraus darf mit Recht geschlossen werden, daß wir einen Niederschlag von politischer Diskussion aus der Zeit des Perikles vor uns haben. Otanes, der die Stimmung der oligarchischen Kreise wiedergibt, spricht in 3, 81 von der unanständigen, übermütigen, ungebildeten Masse, die niemals, wie die Aristokraten, geeignet sei, einen Staat richtig zu verwalten. Ebenso, nur gehässiger, ist die Ansicht des Verfassers der A. P. in 1, 5 und 1, 9.

In 2, 18 spricht der Verfasser von einer Einschränkung der Komödienfreiheit. Es handelt sich wohl um das Verbot, das uns durch Schol. Aristoph. Acharn. 67 glaubwürdig bezeugt ist, worauf schon Müller-Strübing, 43 ff., hingewiesen hat [209]. Diese Erwähnung ist bei der rein politischen Fragestellung der Schrift von Bedeutung. Es darf daraus der Schluß gezogen werden, daß die Kreise, denen der Verfasser angehört, sich mit den Angriffen der Komödie gegen die Demokratie und ihren Führer einig wußten, wie es sich bereits in anderem Zusammenhange zeigte. Vergleichen wir die ausführliche Schilderung der Gerichtsverhandlungen in 1, 16—18, besonders 1, 18, wo der Verfasser spöttisch von der Eitelkeit des gemeinen Mannes vor Gericht erzählt, mit den Angriffen, die die Komödie gegen die Prozeßwut der Athener richtet [210], so ergeben sich nahe Berührungspunkte.

Auch die Parteibildung, wie sie sich seit Beginn des peloponnesischen Krieges in Athen vollzog, bleibt dem Verfasser nicht unbekannt. Wir sahen, wie sich unter dem Drucke gemeinsamer Not eine immer engere Verbindung zwischen den Oligarchen und der bäuerlichen Bevölkerung gegenüber dem vom Demos getragenen und gutgeheißenen Kriegsplan anbahnte. Die Stimme dieser Kreise hören wir in der

[209] Dagegen hat H. Bogner, Die verwirklichte Demokratie, Hamburg 1931, 111 f. das Strafverfahren vom Jahre 426 nach der Aufführung der Babylonier im Auge, obwohl damals von keinem Verbot die Rede ist, worauf auch Bonner, 124 hinweist. Dadurch kommt Bogner auch auf die zu späte Ansetzung der Schrift in das Jahr 425. Über die Bedeutung dieser vielumstrittenen Stelle 2, 18 für die Datierung vgl. Anm. 200 u. Kalinka 7 ff.; Gelzer, 128 ff. kann sich überhaupt nicht für ein spezielles Verbot entscheiden.

[210] Vgl. z. B. Aristoph. Vesp. als Ganzes, bes. 548 ff. oder 661 ff.

Schrift 2, 13—16. Der Scharfblick, den dabei der Verfasser in der Beurteilung der militärischen Lage Athens zeigt, mag mit bitteren Erfahrungen gewonnen sein. Ganz deutlich ist bei ihm in 2, 14 die Gruppierung der Parteien hervorgehoben: einerseits die Bauern und Reichen Athens, andererseits der Demos.

In einem wichtigen Punkte vollends bewegt sich der oligarchische Verfasser unserer Schrift ganz in den Bahnen der bisherigen antidemokratischen Bewegung. Es ist, worauf auch Ollier 166 f. hinweist, die Tuchfühlung mit Sparta, die uns als typisches Zeichen der aristokratischen Politik und ihrer Führer entgegentrat. Bei unserem Oligarchen tritt dies kurz hervor in 1, 11, wo er sagt, daß es in Sparta mit der Behandlung der Sklaven ganz anders stehe als in Athen. Auch bei der Darlegung der Eunomia in 1, 9 dürfen wir, wenn auch Sparta nicht direkt genannt ist, einen Blick auf die Stadt am Eurotas tun, die von den Aristokraten allgemein, wie Ollier, 44 aufzeigt, besonders wegen ihrer Eunomina bewundert wurde. Damit gehört der Verfasser der A. P. zur Gruppe der Lakonisten und seine Schrift ist, um die wohl etwas zu weit gehenden Worte W. Onckens (Staatslehre d. Aristot., 233) zu gebrauchen, „das philosophisch veredelte Glaubensbekenntnis der Lakonisten".

Es zeigt sich also, daß unser Oligarch in seinen Gedankengängen vielfach mit der antidemokratischen Bewegung der früheren Zeit verknüpft ist. Entsprechend der Parteilage seiner Gruppe jedoch kann keine festere Einordnung erfolgen, da seine Hauptgedanken, wie sich noch zeigen wird, völlig neu und einzigartig sind.

Fäden nach vorwärts: neue Ziele der oligarchischen Politik

Von einer Parteischrift, die mit den Hetairien in Verbindung zu bringen ist und auch der Zusammenhänge mit der antidemokratischen Bewegung der vorausgehenden Zeit nicht entbehrt, müßte man erwarten, daß in ihr für die oligarchische Politik neue Ziele und Gesichtspunkte eröffnet würden. Wir hören aber nirgends von einem praktischen Ziel. Die Schrift weist keine gangbaren Wege der Politik; nur ein Auftauchen oligarchischer Bestrebungen im allgemeinen ist zuweilen zu finden.

In 1, 9 zeichnet der Verfasser sein politisches Ideal. Die richtigen, geeigneten Männer, das heißt die Oligarchen, sollen die Legislative in der Hand haben. Man kann hier mit Kalinka 119 auf den 30 er Ausschuß des Jahres 411 hinweisen; daß aber daraus zu ersehen sei, wie der Plan dieses Umsturzes schon lange Jahre vorher in den Köpfen der Aristokraten feste Formen angenommen habe, wie Kalinka meint, darf wohl kaum angenommen werden, denn für eine solche Zielsetzung gibt weder diese noch eine andere Stelle der A. P. den geringsten Anhaltspunkt. Justiz weiterhin und Exekutive, Verwaltung des Staates und Beratung der politischen Fragen sollen allein den Aristokraten, der aristokratischen Partei, vorbehalten bleiben, während das gemeine Volk, der Demos, von der Anteilnahme an der Regierung und von Einflußnahme auf die Staatsverwaltung völlig ausgeschlossen bleibt; und das Los dieser abhängigen Volksmenge bezeichnet der Verfasser mit rücksichtsloser Offenheit als Knechtschaft.

In seiner Gedankenwelt gibt es keine Politik, die den Staat als Ganzes oder die Wohlfahrt des Gesamtvolkes vor Augen hätte. Er denkt nur von Parteigesichtspunkten aus; die ausgesprochene Herrschaft seiner Partei, verbunden mit der Unterdrückung und Knechtung der Volksmasse bezeichnet er als Eunomia. Auf Eunomia, d. h. auf Zucht und Ordnung im Staate und Hintanhaltung jeglicher Hybris waren die bisherigen antidemokratischen Führer bedacht gewesen, wenn sie in der Zügelung radikaler Bestrebungen durch konservative Bindungen in ehrlichem Wollen die rechte Ordnung des Staates sahen. Bei unserem Vertreter der antidemokratischen Kreise aber bedeutet nun Eunomia einfach Herrschaft seiner Partei, alles andere ist Kakonomia. Das zeigt einen ungeheuren Tiefstand der Bürgergesinnung in den Reihen derer, denen der Oligarch zuzurechnen ist. Ein praktisches Ziel einer besseren Gestaltung des Gesamtstaates weiß er nicht zu bieten; an Stelle des demokratischen Parteiregimes, wie er selbst die jetzige Staatsform betrachtet, weiß er nichts anderes zu setzen als wiederum die Herrschaft einer Partei, hat also im Grunde von der Gesamtheit aus gesehen kein anderes Ziel als die von ihm selbst so schlecht gemachte Demokratie.

Mit Recht sagt Schoeffer in RE Suppl. 1, 350, daß der krasseste Egoismus zum Staatsprinzip erhoben ist und zwar für beide Parteien. Ein gemeinsames Ziel beider Gruppen zum Besten des Staates ist nicht zu finden; der Klassenkampf ist, wie man im Hinblick auf 1,5 mit Bogner, 108 sagen kann, für den Verfasser der Naturzustand. Dagegen irrt Gelzer, 92, wenn er behauptet, der Verfasser würdige vorurteilslos die politischen Kräfte, in deren Spiel er sich hineingestellt sehe. Hier sind vielmehr die geistigen Grundlagen für die Leidenschaft des Parteikampfes, wie er im Laufe des peloponnesischen Krieges entbrennt (vgl. Thuk. 3, 82) und wie er zum Ausdruck kommt in dem Schwur, den nach Arist. Pol. 5, 1310 a 8 die Oligarchen leisteten: „Dem Demos will ich feind sein und zuleide tun, was ich kann".

Das Fehlen jeglichen praktischen Nahzieles kommt besonders in 3, 1, 2—3, 9 zum Ausdruck. Der Verfasser spricht ausführlich über das athenische Gerichtswesen und erklärt die bestehenden Einrichtungen, vor allem die Überhäufung im Prozeßwesen, als natürlich und unabwendbar. Er schließt seine Betrachtung mit der Bemerkung, eine Änderung dieser Zustände sei ausgeschlossen, solange die Demokratie Bestand habe. Es gäbe zwar viele Mittel zur Verbesserung der Staatsform, aber ohne Aufhebung der demokratischen Verfassung gäbe es keine entscheidende Besserung. Diese Gedankengänge sind bezeichnend. Der Oligarch erfaßt mit scharfem Verstande die herrschenden Zustände als folgerichtige und notwendige Erscheinungen der Demokratie; aber einen Ausweg aus der gegenwärtigen Lage weiß er nicht zu finden, solange die Demokratie bestehen bleiben soll. Ob der Verfasser damit, wie Schoeffer, 350 meint, gegen eine ziemlich ausgedehnte Literatur Stellung nahm, welche die Besserung der vorhandenen Staatsform zum Ziele hatte, bleibe dahingestellt. Sicher mit Unrecht sieht M. Kupferschmid 52 f. in unserer Stelle eine Aufforderung zur Revolution, denn der Verfasser, der seine Ziellosigkeit schon kundgibt durch die Ablehnung jeglicher Reformpläne, verschweigt auch, wie er sich die Lage nach dem Sturz der Demokratie vorstellt.

Daß aber mit dem Sturz der Demokratie nicht so schnell zu rechnen ist, gibt der Verfasser überall zu erkennen, wo er von der Folgerichtigkeit und Konsequenz der Demokratie und ihrer Einrichtungen spricht. Auch über einen etwa möglichen Sturz der Verfassung vonseiten der Atimoi gibt er sich keiner Täuschung hin. Mit der ganzen Schärfe seines Intellekts sieht er in 3, 12—13, daß von hier aus der Demokratie nicht beizukommen ist.

Nur eine Möglichkeit des Umsturzes der Verfassung läßt der Oligarch offen. In 2, 15 spricht er davon, daß die Athener, falls sie eine Insel bewohnten, vor Aufstand oder Öffnung der Tore vonseiten einer Minderheit keine Furcht zu haben bräuchten. Solche Vorgänge sind bei Aufständen im attischen Reich nicht selten zu finden. Die Erwähnung einer solchen Möglichkeit in Athen geschieht ohne Zustimmung, aber auch ohne Ablehnung; der Verfasser entrüstet sich nicht über ein solches Vorgehen, spricht aber auch keine Billigung aus. Sehen wir aber zurück, wie eine Gruppe von Antidemokraten vor der Schlacht bei Tanagra Verbindungen mit dem spartanischen Heere anknüpfte und wie das Verhalten der Oligarchen bei Kriegsausbruch beargwöhnt wurde, oder blicken wir vorwärts, wie gegen Ende des Krieges die oligarchischen Hetairien vielfach mit Lysander gemeinsame Sache machten, so ist an der angezogenen Stelle die Erwähnung der Möglichkeit eines Verrats doch schon bedeutsam genug. Um die Geneigtheit seiner Parteigenossen zu einem solchen Verrat mag der Oligarch wohl gewußt haben. Mehr jedoch darf nicht geschlossen werden. Wenn daher Müller-Strübing, 69 f., E. Meyer, Forsch., 2, 404, Bogner, 109 und Kupferschmied, 51 f. hier eine Aufforderung zur Revolution mit Hilfe des Landesfeindes sehen wollen, treten ihnen Christ-Schmid, 477 und Gelzer, 91 mit Recht entgegen.

Für die Zeit von Isagoras bis Thukydides war es möglich, die Zielsetzungen der aristokratischen Gruppe herauszustellen, obwohl nur dürftige Quellen zur Verfügung standen. Die Schrift vom Staate der Athener läßt, so hoch ihr Wert als Quelle für die Erkenntnis der innerpolitischen Kämpfe einzuschätzen ist, für die oligarchische Politik keine neuen Ideen und Ziele erkennen. Der oligarchische Verfasser gibt nur seine Anschauungen und Erfahrungen kund, ohne die Folgerungen aus seinen Gedankengängen zu ziehen und sie zur Ausführung vorzulegen. Er überläßt jedem einzelnen die Freiheit des Verhaltens und Handelns. So ist zu verstehen, daß die Wirkung seiner Ausführungen auf einen aristokratischen Leser ganz verschiedenartig gewesen sein kann.

Nur ein kleiner Kreis mag aus den Darlegungen der Schrift die Folgerung einer Mitarbeit am Staate, an der Demokratie, gezogen haben.

Die Staatsform ist zwar schlecht, lehrte die Schrift, aber sie ist konsequent und von Dauer. Es bleibt also, wenn nach politischer Tätigkeit gestrebt wird, nichts anderes übrig als an diesem Staate mitzuarbeiten und trotz der grundsätzlichen Abneigung sich so gut als möglich in ihm zu betätigen. Und Wirkungsmöglichkeiten gab es für einen aristokratischen Politiker auch nach der Ausschaltung seiner Richtung noch genügend, wie es sich mehrfach gezeigt. Wie tatsächlich die Demokratie manchem Aristokraten nur als das Mittel zu persönlicher Machtentfaltung erschien, zeigt Thuk. 6, 89.

Aber auch die gerade entgegensetzte Schlußfolgerung konnte ein Leser der Schrift ziehen. Das gegenwärtige politische Leben ist, wie der Verfasser darlegt, grundsätzlich verfehlt und verwerflich. Wozu dann eine Mitarbeit an dieser Staatsform? Egoismus und Mangel an Opferwilligkeit trugen noch dazu bei, den einen die Beteiligung am politischen Leben als nicht mehr lohnend genug erscheinen zu lassen; andere betrachteten die Zusammenarbeit mit diesem Demos als nicht mehr ehrenhaft. So war der Rückzug vom öffentlichen Leben, die Abwendung vom bestehenden Staat das Gegebene. Das Ringen um eine bessere Staatsform wendet sich daher von der politischen Realität ab und flüchtet sich in das Reich des „Geistes". Damit ist in der Schrift vom Staate der Athener eine Erscheinung angedeutet, die um die Wende vom 5. zum 4. Jahrhundert auch anderwärts zu beobachten ist[211]. Dieses Sichabwenden vom gegebenen Staat offenbart sich auch in der Komödie. Bereits Aristophanes zeigte diese Erscheinung in den „Vögeln", den „Fröschen" und im „Plutos". Die Forderung politischer Neugestaltung verläßt die Wege der praktischen Betätigung und führt zur Konstruktion eines Idealstaates, der zumeist mit einem Blick auf den von den Aristokraten vielbewunderten spartanischen Staat gezeichnet wird.

Die zunächstliegende, dem Geist und Gedankengang der Schrift am ehesten entsprechende Wirkung aber mußte bei einem oligarchischen Leser folgende sein. Es gilt als ausgemacht, daß die Demokratie als Ganzes zur Zeit völlig unangreifbar ist, aber bei ihrer Verkehrtheit läßt sich erwarten, daß sich bald da, bald dort Angriffspunkte gegen das verhaßte System und seine Vertreter ergeben würden. Einmal mußte dann doch der Sturz des Regimes zu erzwingen sein. Das Beste war also dann, diesem Staat seine Mitarbeit zu versagen, sich in abwartender Opposition zu halten, jegliche Angriffsmöglichkeit gegen die Demokratie und ihre Führer zu benützen und jede anderweitige Unzufriedenheit zu unterstützen. Das ist das Verhalten der antidemokratischen Opposition gegen Perikles. Eng damit war die Hoffnung auf Sparta und seine Hilfe verknüpft, was ebenfalls aus der Schrift entnommen werden konnte. Sie zeigte ja, daß die Demokratie eine Lücke im militärischen Aufbau aufwies. Athens Landmacht war unbedeutend und setzte sich zumeist aus den Aristokraten und der bäuerlichen Bevölkerung zusammen, also wohl vorwiegend aus Gegnern der Demokratie. Von diesem

---

[211] Vgl. auch M. Pohlenz, Staatsgedanke und Staatslehre der Griechen, Leipzig 1923, 64 ff.

schwachen Punkte aus könnte vielleicht einmal mit Hilfe auswärtiger Freunde eine gewaltsame Änderung in Athen herbeigeführt werden; ein Oligarch aber denkt bei auswärtiger Hilfe gegen die Demokratie stets an Sparta.

Herausstellung und Erklärung der charakteristischen Gedankengänge des Verfassers

Das Fazit zu ziehen überläßt also der Verfasser der A. P. dem Leser. Er selbst weiß keine neuen Ziele. Denn die Forderung einer abwartenden Opposition oder der Wunsch auf Sturz der Demokratie schlechthin, worauf Bogner, 108 hinweist, oder die Aufklärung der Oligarchen über die Demokratie, was Bogner, 109 und Christ-Schmid, 477 anführen, kann im Hinblick auf die akuten Forderungen des Tages nicht als positive Zielsetzung für die oligarchische Politik bezeichnet werden. Auch die zahllosen Versuche moderner Forscher, der Schrift eine richtungweisende Tendenz zuzuschreiben, die zu ebenso zahlreichen einander gegenüberstehenden Anschauungen geführt haben (vgl. Kalinka, 39 ff.), müssen uns mit Kupferschmid, 55 und Gelzer, 91 f. zu der Überzeugung führen, daß die Schrift eben kein positives Ziel aufzuweisen hat. Das muß festgehalten werden. Zu diesem Merkmal, das der interessanten Schrift anhaftet, treten noch andere charakteristische Gedankengänge.

An der Besprechung mehrerer Stellen wie 1, 2. 3, 1, 2—3, 9. 3, 12—13 hat sich bereits der scharfe Intellekt und das streng rationale Denken des Verfassers gezeigt, das sich allerdings nur in Parteigesichtspunkten zu bewegen weiß. Die gleiche Erscheinung zeigt sich noch einige Male.

In 2, 17 z. B. sieht unser Oligarch sehr scharf die Verantwortungslosigkeit des Demos. Was er hier sagt, entbehrt großenteils nicht der historischen Wahrheit. Überhaupt sind die Vorwürfe und Verdächtigungen, die er gegen die Demokratie richtet, Zeugnisse eines scharfen Intellekts, der es mit großer Virtuosität versteht, sich auf den Standpunkt der Demokratie zu stellen und von hier aus die demokratischen Einrichtungen in ihrem Zusammenhang mit den Prinzipien und Zielen der Demokratie zu besehen. Die Urteile, die der Verfasser dabei fällt, sind oftmals ungerecht und voll parteiischer Übertreibung, sie zeigen aber in der Tat durchweg Gefahrenmomente, die der Demokratie und ihren Einrichtungen innewohnen, Gefahrenmomente, die im Augenblick nur durch die persönliche Staatsführung des Perikles gebannt waren (vgl. Thuk. 2, 65; Aristot. A. P. 28; Plut. Per. 39). Mit Recht weisen Schoeffer, 350, Taeger, 175 und Ollier, 166 auf den politischen Scharfblick des Verfassers hin, während Kalinka 61 ihn als Mann des Mittelmaßes bezeichnet.

In 1, 3 führt der Verfasser wie Aristot. Pol. 6, 1317 b 20 aus, daß alle Ämter, die Nutzen und Vorteile bringen, das Volk bekleidete; die Ämter dagegen, die Sachkenntnis verlangen, Verantwortung enthalten und keinen Nutzen bringen, überlasse das Volk gerne den Vornehmen.

Die Stellen der Schatzmeister und die militärischen Ämter wurden in der Tat immer noch durch Wahl bestellt und waren unbesoldet [212]. Der Oligarch erkennt darin mit Recht eine Inkonsequenz der Demokratie. Er mißdeutet allerdings den Sinn dieser Ausnahme, die unbefangen betrachtet, jedenfalls als gut bezeichnet werden muß. Es zeigt sich hier wie überall, daß der Verfasser bei aller Schärfe des Verstandes nicht über seinen Parteistandpunkt hinauszukommen vermag.

Dies führt zu einem völligen Mißverstehen und Verkennen von Sinn und Zweck der perikleischen Demokratie und ihrer Einrichtungen. Auch dies sahen wir bereits an der Besprechung von 2, 9—10. Es begegnet uns öfters. In 1,6 ff. z. B. legt der Verfasser, wie Aristot. Pol. 4, 1297 a 35 dar, daß es für das Interesse der Volkspartei vorteilhaft sei, allen Schichten der Bürger die Teilnahme an Rat und Volksversammlung zu ermöglichen. Denn selbst der Ungebildetste und Schlechteste wisse recht wohl das Interesse seiner Klasse wahrzunehmen. Es ist erschreckend, wie der Oligarch hier vom krassesten Parteistandpunkt aus urteilt. „Die Herrschaft bestimmter gesellschaftlicher Klassen bildet", wie J. Kaerst, Gesch. d. Hell. I[3], 36 sagt, „den Maßstab, nach dem alle Ausprägungen staatlichen Lebens beurteilt werden". Der Gedanke, alle Kräfte der Bürger zum Dienst am Staat heranzuziehen, wird grundlegend verkannt: die Idee des Volksführers, jedem tüchtigen Bürger es praktisch zu ermöglichen, an den staatlichen Ämtern teilzunehmen, wird mißverstanden und nur als Ausfluß rein egoistischer Parteipolitik angesehen.

Denn wenn der Verfasser in 1, 3 von den Vorteilen spricht, die die Ämter dem Volk bringen, darf dabei vor allem an die Diäten gedacht werden. Soldzahlung lief zwar dem aristokratischen Ehrbegriff zuwider; diese Tagegelder aber waren keineswegs eine Besoldung, dafür war der Betrag zu gering, sondern eine, wenn auch geringe Aufwandsentschädigung [213], wodurch es auch dem ärmeren Bürger, der auf seinen Tageserwerb angewiesen war, ermöglicht werden sollte, ein Amt zu bekleiden (vgl. Thuk. 2, 31, 1). In der Gedankenwelt unseres Oligarchen aber gibt es keinen Politiker, der über seine Partei hinaussieht und das Wohl aller Bürger im Auge hat. Wie ganz anders als dieser Oligarch, der nur

[212] Dagegen erklärt U. Kahrstedt, Untersuchungen zur Magistratur in Athen, 182, daß es von Perikles an unbesoldete Ämter überhaupt nicht mehr gab, da Lamachos nach Aristoph. Acharn. 597 Sold bekommen habe. Aber in 1, 3 sagt unser Oligarch deutlich, daß das Volk sich um die Strategenstellen nicht bewirbt, weil diese keinen Sold tragen. Wenn außerdem, wie Kahrstedt, 183 behauptet, es im 5. Jahrhundert Usus gewesen wäre, daß die Strategen auf ihren Sold freiwillig verzichteten, dann hätte Lamachos nur gefordert und genommen, was ihm von Rechts wegen zustand; er wäre dann kaum zur Zielscheibe des Spottes bei Aristoph. geworden und hätte sein Handeln keineswegs öffentlich begründen müssen (Plut. Alk. 21. Nik. 15). Zudem besitzt die eindeutige Angabe in der Schrift vom Staate der Athener zweifellos mehr Quellenwert als eine beiläufige spöttische Anspielung in einer Komödie.

[213] U. Kahrstedt a. a. O. 183. Vgl. Berve, GG, 1, 273. Falsch F. Hoffmeister, Kritische Untersuchungen zur Charakterentwicklung d. Athener mit besonderer Berücksichtigung des Einflusses der Landschaft Attikas und Athens, Diss. Hamburg 1932, 40.

sieht, wovon das Volk profitiert, war nicht Kimon, der dem Volke an seinem eigenen Vermögen Anteil gab[214]!

Ebenso gründlich verkennt der Verfasser der Schrift vom Staate der Athener das Erziehungsideal der Demokratie. In 1, 5 sagt er, daß beim Volke in größtem Maße Selbstsucht, Zuchtlosigkeit, Gemeinheit und Ungerechtigkeit vorhanden sei, vor allem wegen des Mangels an Erziehung und Bildung (vgl. Aristot. Pol. 6, 1370 b 40). Er übersieht dabei aber, daß die athenische Demokratie den großen Versuch unternahm, alle ihre Bürger durch den Staat für den Staat zu erziehen. Zu diesen Erziehungsmitteln gehörten, was auch Wilamowitz-Möllendorff, Staat u. Gesellschaft d. Gr. u. R., 1910, 126 deutlich sagt, die vom Staat veranstalteten Feste. Nach der Anschauung unseres Oligarchen aber werden diese nur abgehalten, um dem Volke Vorteile zu bieten, die es sich sonst nicht verschaffen kann (2, 9—10). Der gleichen Meinung ist auch Bogner, 78, wenn er sagt: „die Gemeinde ist da, um den Demos zu füttern und ihm Vergnügungen zu bieten". Wenn er aber zur Stütze dieser Ansicht Stellen wie Plut. Per. 9 oder Plato Gorgias 515 e anführt, so darf nicht vergessen werden, daß hier, wie Gelzer 89 neuerdings mit Recht betont, die Stimme der oligarchischen Perikles-Opposition zu hören ist, die mit der entstellten, haßerfüllten Schilderung in der A. P. sehr große Ähnlichkeit aufweist.

Die Aristokraten aber haben den Versuch der Bildung und Erziehung aller Bürger nie unternommen. Nach ihrer Anschauung war Erziehung ein Privileg ihrer Kreise. Perikles aber übernahm, wie es in Thuk. 2, 37, 1 zum Ausdruck kommt, das Bildungsziel des Adelsstaates und übertrug es auf den Volksstaat, die Volksgemeinde, wie er sie gestalten wollte (vgl. Anm. 166). Damit war es nicht zu vereinbaren, daß adelige Einrichtungen der Erziehung und Bildung ein Sonderdasein weiterführten; sie konnten nicht Angelegenheit einer Gruppe bleiben, die dem Staate ablehnend gegenüberstand, sondern mußten aus dem öffentlichen Leben ausgeschaltet werden. Einen solchen

---

[214] Ähnlich dem Verfasser der A. P. bezeichnet Bogner, 75 den Demos als den Nutznießer der Gemeinde, als Parasiten, der keine produktive Arbeit leiste. Aber leisten denn die Richter, die Bogenschützen, die Reiter, die Besatzung auf den Werften und auf der Burg, die Beamten, die Infanterie, die Besatzung der Wachtkreuzer usw. in Aristot. A. P. 24, worauf sich Bogner bei dem wiedergegebenen Urteil stützt, keine produktive Arbeit für den Staat? Zum Grundsatz der perikleischen Demokratie, auch den Minderbemittelten die Teilnahme am Staatsleben zu ermöglichen, sagt Bogner, 76: „A u c h den Minderbemittelten, das heißt in kurzer Zeit: n u r den Minderbemittelten", denn die armen Bürger seien zahlreich erschienen, die anderen nicht mehr. Wenn aber die Entwicklung tatsächlich so verlief, so waren daran nicht zum wenigsten die bemittelten Aristokraten selbst schuld, die an der Bekleidung der Ämter anscheinend nur solange Interesse hatten, als sie dadurch ihren Reichtum gegen die ärmeren Bürger hervorkehren konnten, dann aber es ablehnten mit dem armen Volksgenossen zusammenzuarbeiten, während dieser sich zum Staatsdienst drängte, obwohl ihm der Sold nur ein Existenzminimum gab und er anderwärts wohl mehr verdienen konnte. Man vgl. die cum ira et studio geschriebenen Worte Belochs, GG, 2, 1, 278: „Auch war es wahrhaft kein Vergnügen, halbe Tage lang unter dem stinkenden Pöbel zu sitzen." Dem folgt W. Hoffmeister, a. a. O., 41 kritiklos!

Vorgang sehen wir in 1, 13 wiedergegeben. Der Oligarch spricht von der Auflösung von Vereinen, von Turnern und Musikbeflissenen. Er läßt sich, worauf schon E. Meyer, Gesch. des Alt., 3, 89 hinweist, nicht feststellen, was genau darunter zu verstehen ist. Auch die im Anschluß an Kalinka, 140 von Gelzer, 11 vorgetragene Anschauung, daß es sich um *ξένοι* handle, ist abwegig [215]. Wesentlich ist, daß in diesen Vereinen, die aufgelöst wurden, der Adel irgendwie maßgebend beteiligt war. Nach Ansicht des Verfassers sind diese Maßnahmen nur getroffen worden, weil das Volk seine Unfähigkeit eingesehen habe, diese Künste selbst zu betreiben. Es könnten mehrere ähnliche Stellen, wie 1, 16—18 angeführt werden, die die vollkommene Verkennung von Sinn und Zweck der Demokratie und ihre Einrichtungen von Seiten des oligarchischen Verfassers erkennen lassen.

Die Vorwürfe endlich, die aus diesem Mißverstehen heraus mit unterdrückter Leidenschaft gegen die Demokratie geschleudert werden, mögen hier zusammengefaßt sein:

1, 3: Geldgier und Rücksicht auf persönliche Vorteile spielen die Hauptrolle bei der Bewerbung und Bekleidung der Ämter vonseiten des Volkes.

1, 5: Bei den Demokraten ist nichts zu finden als Mangel an Erziehung und Bildung, Mangel an Selbstzucht, Gemeinheit und — ein echt oligarchischer Vorwurf — Armut.

1, 6—9: Das Volk kümmert sich nur um sein Wohlergehen und um seine Vorteile.

1, 10: Boshafter Hieb auf Kleidung und Erscheinung des Atheners.

1, 13: Musische und gymnische Veranstaltungen dienen nur zur Unterhaltung und zum materiellen Nutzen des Volkes.

1, 16—18: Vorwurf der Vorteilssucht, der Parteilichkeit in den Gerichten, der Genußsucht und der Eitelkeit des gemeinen Mannes.

2, 7: Vorwurf der Schlemmerei.

2, 9—10: Genußsucht und Eigennutz des Volkes. Staatsmittel werden verwandt, um dem Volke Vorteile und Annehmlichkeiten zu bieten, die es sich selbst nicht leisten kann.

2, 17: Verantwortungslosigkeit des Demos bei seinen Entschlüssen.

2, 18—20: Alle Maßnahmen und Einrichtungen der Demokratie sind auf den Eigennutz des Volkes berechnet.

3, 3: Bestechlichkeit bei den Gerichten.

3, 2—9: Stellungnahme gegen die Zustände im Gerichtswesen.

3, 10—11: Parteiinteresse ist in der Außenpolitik maßgebend.

---

[215] Von Xenoi ist in 1, 13 nirgends die Rede, wohl aber von den Aristokraten und ihren Leistungen bei der Choregie und der Gymnasiarchie. Wenn Gelzer seine Vermutung, daß es sich um Xenoi handelt, fallen ließe, bräuchte er auch das δέ vor αὖ nicht mehr zu postulieren.

Die in diesen Vorwürfen sich offenbarende Leidenschaft, die auch Taeger, 175 betont, macht es unmöglich, den Verfasser mit Gelzer, 74 als „unparteiischen Fürsprecher des Demos“ zu bezeichnen [216].

Wie können wir uns nun diese Gedankengänge erklären?

Es zeigte sich bereits, wie nach der Ausschaltung des Thukydides, des letzten Führers der aristokratischen Politik, diese in sich zerfiel, und wie die oligarchische Opposition sich in Hetairien sammelte. Offener Kampf war unmöglich, umso leidenschaftlicher glühte der Gegensatz und Haß weiter unter der Decke. An zahlreichen Erscheinungen ließ sich zeigen, daß diese Opposition in der Zeit des Perikles weiterlebte und keine Gelegenheit des Angriffs versäumte. Aristokratische Politik als solche konnte sich nicht mehr unverhüllt betätigen, klarer Kampf gegen die Demokratie und ihren Führer war unmöglich. *Diese stets vorhandene, jedoch unterdrückte und niedergehaltene Leidenschaft der oligarchischen Opposition hat in der A. P. ihren Niederschlag gefunden.*

Der verhaltene Haß, der in dieser Schicht von Antidemokraten aufgespeichert war, zeigt sich in der Unerbittlichkeit, mit der der Verfasser alles mit Namen nennt, und in dem ungeheuerlichen Scharfblick für die Schwächen und Angriffspunkte der demokratischen Einrichtungen. Bei einem Manne, der mit einem minder scharfen Intellekt begabt war, wie Stesimbrotos von Thasos, tobt sich, wie wir sahen, ähnlicher Haß gegen die Demokratie und ihren Führer aus, aber hier in offenen, ohnmächtigen Verleumdungen des demokratischen Führers. Bei dem Verfasser der Schrift vom Staate der Athener ist dieser Haß unterdrückt, aber in seiner geistigen Schärfe bedeutungsvoller und gefährlicher.

Die Oligarchen konnten die Größe des perikleischen Staatsgedankens aus ihrer Zusammensetzung und Tradition heraus nicht verstehen, und versuchten es auch gar nicht, da ihnen der Wille zur Volksgemeinschaft fehlte. Das mußte zu einer völligen Verkennung all der Gedanken des großen Volksführers und der daraus entspringenden Institutionen führen, mußte bewirken, daß die Einrichtungen des demokratischen Staates rein vom Gesichtspunkt der Partei aus betrachtet wurden, wie es der Verfasser unserer

[216] Den Willen zur Unparteilichkeit glaubt Gelzer 78 begründen zu können durch den Hinweis auf die vielen Ἀθήνησιν und αὐτόθι, die der Verfasser gebraucht. Aber wo läßt sich in der ganzen Schrift *inhaltlich* der Wille zur Unparteilichkeit nachweisen? Wollte der Oligarch sich nicht vielmehr durch den Gebrauch dieser Wendungen von der Demokratie in Athen distanzieren und zu erkennen geben, daß er mit „diesem Athen da“ nichts zu tun habe? Und liegt nicht auch ein gewisses Maß von versteckter Ironie und zynischem Spott in diesen Wendungen? G. Stail, Über die pseudoxenophontische A. P., Diss. Würzburg 1920, 82 glaubt, das häufige Ἀθήνησιν und αὐτόθι sei vom Standpunkt des Ausländers gebraucht, und benützt diesen Schluß wiederum zur Stütze für seine Ansicht, daß die A. P. als Flugschrift nach Lakedaimon gesandt worden sei. Dagegen scheint mir die Stelle 1, 11: „In Sparta fürchtet sich ein Sklave vor dir“, allein ein genügend starkes Veto zu erheben.

Schrift tut. Je entschiedener und bewußter die Pläne des demokratischen Führers die Volksgemeinschaft zu gestalten suchten, umso mehr parteigebunden erschien das ganze Vorgehen den Oligarchen. Bei jeder großen Staatschöpfung läßt sich beobachten, daß gerade das, was dem Schöpfer als das Wesentliche erscheint, von der Opposition als das Schlechteste verworfen und am meisten mißverstanden und bekämpft wird. Denken wir im Altertum nur an die Zeit Alexanders oder Cäsars und stellen einander gegenüber Sallusts Sendschreiben und Ciceros Auffassung von der „Tyrannis" Cäsars, oder erinnern wir uns an das gute und schlechte Bild, das Tacitus am Eingange seiner Annalen nebeneinander von Augustus entwirft [217]. Nicht anders erklärt sich das Mißverstehen von Sinn und Zweck der Demokratie von Seiten unseres Oligarchen.

Dieses Verkennen der demokratischen Gedanken der Staatsführung zeigt sich schlagend bei einer Gegenüberstellung unserer Schrift mit den grundsätzlichen Worten über die athenische Demokratie, wie sie Thuk. 2, 35—46 anläßlich der Rede auf die Gefallenen des ersten Kriegsjahres den Perikles aussprechen läßt. Zu einem Gesamtbild der athenischen Demokratie zur Zeit des Perikles sind die Ausführungen des Volksführers und des oligarchischen Oppositionellen zusammenzunehmen. Man darf einerseits nicht die Gedanken des Perikles als völlig in die Wirklichkeit umgesetzt betrachten, sonst erhält man ein idealisiertes Bild der athenischen Demokratie, wie es z. B. in den Geschichtswerken von H. Grote, G. Holm oder E. Curtius entworfen ist [218]. Andererseits darf man aber auch schon ganz und gar nicht die Schrift vom Staate der Athener als ungetrübte Quelle zu einer Erfassung des Wesens der perikleischen Demokratie benützen, sonst erhält man ein so einseitiges Bild, wie es J. Schwarz, Die Demokratie von Athen, Leipzig 1877, 1, 161 ff., oder ihm folgend H. St. Chamberlain, Die Grundlagen des 19. Jahrhunderts, München 1899, 45 u. bes. 95 ff., und neuerdings Bogner in seinem Buche zeichnet.

Man darf sich grundsätzlich den Blick für die Beurteilung der perikleischen Demokratie nicht trüben lassen durch das Wort Demokratie. Streng genommen dürfte man gar nicht von Demokratie sprechen, sondern müßte Isonomie sagen [219]. Denn ein prinzipieller Unterschied trennt (worauf von Berve in der Besprechung des Bognerschen Buches, Deutsche Lit. Zeit. 1934, 1342 ff., von Schoeffer, 367 ff., von Thassilo v. Scheffer, Die Kultur der Griechen, Berlin 1934, 173 und von H. Weinstock, Polis, Berlin 1934, 57 mit vollem Recht hingewiesen wird) die moderne westliche Demokratie von der athenischen des perikleischen Zeitalters. Nicht nur ein überragender Volksführer drückt dem Staate dieser

---

[217] Vgl. J. Vogt, Tacitus und die Unparteilichkeit des Historikers, (Würzburger Stud. z. Altert. Wissensch. 9), Stuttgart 1936, 13 f.

[218] Perikles hat mehr das Wollen der Demokratie als das Erreichte gekennzeichnet. Darauf hat neuerdings mit Recht Bonner, 23 hingewiesen.

[219] Vgl. H. Schaefer, Staatsform u. Politik, Leipzig 1932, 106. 115 ff. Siehe auch E. Hohl, Perikles (Meister der Politik 1), Stuttgart 1923, 43 u. G. Strohm, Demos und Monarch, Stuttgart 1922, 22 ff.

Zeit den Stempel seiner schöpferischen Persönlichkeit auf und gewährt eine Einheit und Geschlossenheit der Staatsführung, deren Fehlen geradezu bezeichnend ist für die moderne westliche Demokratie[220]; das Volk selbst, das in diesem Staate lebt, zeigt einen unverkennbar aristokratisch-exklusiven Charakter[221]. Denn nur nach dem spezifisch aristokratischen Grundsatz der blutmäßigen Auslese (Bürgerrechtsgesetz des Perikles, Aristot. A. P. 26) gestattet es den Eintritt in die Reihen der Vollbürger[222]. Diese wälzen ihrerseits fast alle Arbeit auf die Schultern der sie um ein vielfaches übertreffenden Zahl der Nicht-Staatsbürger, der Metöken, Sklaven und Bündner ab, um sich möglichst ganz ihrem Staate hinzugeben[223]. Und das können sie alle, denn die Demokratie ist verwirklicht in einem Gemeindestaat, in einem Stadtstaat, wo es bei dem Fehlen jeglichen Repräsentativsystems allen Bürgern möglich ist, sich unmittelbar an der Regierung zu beteiligen.

Das Wollen und die Zielsetzungen dieser Demokratie hat Perikles in der Rede auf die Gefallenen dargelegt; nur die damit verbundenen Gefahrenmomente hat der oligarchische Verfasser unserer Schrift gesehen. Die Ausführungen beider Männer scheinen in ihrer Gegensätzlichkeit so nahe Berührungspunkte aufzuweisen, daß man zwischen beiden Darstellungen Beziehungen anzunehmen befugt sein dürfte, wie dies von Taeger, 182 ff. getan wird[224]. Aber trotz dieser Berührungspunkte glaube ich keinen zwingenden Grund zu sehen, um eine unmittelbare Bezugnahme fordern zu müssen. Wenn zwei geistig bedeutsame Männer, wie Perikles und der Verfasser unserer Schrift, ihre Ansicht über den Staat darlegen und zwar von ganz entgegengesetztem Standpunkt aus, so ergibt die völlige Gegensätzlichkeit der Anschauungen in wichtigen Fragen, die notwendigerweise bei beiden zur Sprache kommen müssen, von

---

[220] Vgl. Thuk. 2, 65, 9. Plut. Per. 7. H. Weinstock, Polis, Berlin 1934, 67 ff.

[221] Vgl. Berve, GG, 1, 288. 303, J. Hasebroek, Gr. Wirtsch.- u. Gesellschaftgesch., 201; V. Ehrenberg, Der gr. u. hellenist. Staat (Gercke-Norden 3, 3), 13 u. A. Diller, Race Mixture among the Greeks before Alexander, 91.

[222] Vgl. W. Jaeger, Paideia, Berlin 1934, 270 f. Man kann geradezu von einem „Adel des Volkes" sprechen, vgl. W. Haedicke, Die Gedanken d. Gr. über Familienherkunft u. Vererbung, Diss. Halle 1937, 71 ff. 87. Vgl. auch K. Jost, Das Beispiel u. Vorbild der Vorfahren, 53. 102. 110 f. 140 u. ö.

[223] Diese Geringschätzung der Arbeit bei aller Einsicht in den Wert von Besitz und Gut fußt auf dem in der griechischen Frühzeit von den Aristokraten entwickelten Lebensideal. Die universale Auffassung von den politischen Pflichten eines Bürgers rückte das Wirtschaften an den Rand des täglichen Lebens. Dieses ursprünglich rein aristokratische Prinzip hat sich in den Kreisen der politisch vollberechtigten Bürger der Polis lebendig erhalten. Vgl. dazu die guten Ausführungen von J. Brake, Wirtschaften und Charakter in der antiken Bildung, Diss. Göttingen 1935, bes. 34 ff. 62 ff. u. ö. und die Besprechung dieser Arbeit von J. Hasebroek, Gnomon 13, 1937, 434 ff., der den Ausführungen Brakes völlig beipflichtet. Siehe auch W. Schwahn in RE 6 A, 194 f. und Rostovtzeff, A History of Ancient World 1, 289.

[224] Auf solche Beziehungen zwischen der A. P. und der Rede des Perikles bei Thuk. hat bereits Kargel, de tempore quo sit scriptus libellus, qui vulgo Xenophontis esse fertur, de Atheniensium republica, Diss. inaug. Vratislaviae 1846 hingewiesen, ebenso M. Schmidt, Müller-Strübing und Schöll, neuerdings auch Christ-Schmid, 477 und Kalinka, 233.

selbst in ihren Ausführungen Stellen, von denen die eine als die Widerlegung der anderen erscheinen mag [225].

Gegen eine bewußte Bezugnahme der Ausführungen in der A. P. auf Reden des Perikles scheint auch der Umstand zu sprechen, daß die Person des demokratischen Führers in der Schrift so gut wie ausgeschaltet ist. War Perikles bereits tot? Aber dann hätte ein Kleon noch mehr Angriffspunkte gegeben. Oder ergab sich aus dem Vorwurf der Böswilligkeit, der gegen Perikles vielleicht, wie Gelzer, 88 f. wahrscheinlich macht, in 2, 20 erhoben wurde, ein Totschweigen seiner Person? Oder mußte sich die Kritik so vorsichtig betätigen? Oder vermochte der Oligarch in Perikles überhaupt nichts Besonderes zu erkennen, sondern sah in ihm nur einen Parteiführer, der vielleicht erfolgreicher war als seine Vorgänger, aber grundsätzlich den Demos nicht veränderte, so daß er sich darauf beschränkte, den Demos anzugreifen und herabzusetzen? Überall ist nach der Ansicht des Verfassers der Demos, die parteimäßig gebundene Masse des niederen Volkes, der Faktor, der die Staatsform gestaltet hat und diese nun zu seinem Nutzen zu verwenden weiß. Die an großen Zielen orientierte Führung des Hauses der Alkmaioniden wird nirgends erkannt.

Das Fehlen neuer Ideen und die Ziellosigkeit unserer Schrift haben, wie bereits gesagt, Kupferschmid 55 und Gelzer 91 ff. richtig erkannt. Sie huldigen aber beide der Anschauung, der Verfasser habe noch etwas Positives zu sagen gehabt, es aber verschwiegen. Kupferschmid tut die Sache kurz ab mit dem Hinweis, „die Gründe werden bei denen gelegen haben, in deren Hände seine Schrift gelangen konnte". Gelzer glaubt, der Oligarch habe über die akuten Forderungen des Tages geschwiegen, weil die Schrift einen „wissenschaftlichen Zug" verspüren lasse [226]. Aber Wissenschaftlichkeit ist und war besonders damals nicht gleichbedeutend mit Verzicht auf Handeln. Auch ist sehr unwahrscheinlich, daß der Verfasser, der sonst nirgends mit seiner Meinung zurückhält, gerade über seine politischen Pläne und Ratschläge geschwiegen hätte, die die Mitglieder der Hetairien, an die sich die Schrift richtete, besonders interessieren mußten und die die oligarchische Politik so notwendig hätte brauchen können. Die Urteile in 1, 1. 2, 20. 3, 9 zeigen gewiß, was Gelzer anführt, den Verfasser keineswegs als Mann des Mittelmaßes, aber da-

---

[225] Wäre es z. B. nicht denkbar, daß der Verfasser der A. P. in 2, 14—16 zur gleichen Anschauung über die militärische Lage Athens gekommen wäre, wie sie Thuk. 1, 143, 5 und 2, 62, 3 den Perikles darlegen läßt, ohne daß man eine direkte Bezugnahme auf die Ausführungen des Perikles fordern muß? Die militärische Lage der Stadt war sicher in der Zeit des drohenden Kriegsausbruches Gegenstand allseitiger und lebhafter Diskussion. Man könnte ähnlich auch eine Bezugnahme zwischen den Worten unseres Oligarchen in 1, 7 und dem bekannten Ausspruch Kleons bei Thuk. 3, 37, 3 annehmen. Aber auch hier sprechen beide Männer etwas Grundsätzliches aus und berühren sich daher in ihren Darlegungen. Ebenso wenig muß Kritias fr. 32. fr. 9 (Diels, 1935 [5]), wie Ollier. 173 annehmen möchte, eine Antwort auf Perikles bei Thuk. 2, 39, 1 sein.

[226] Vgl. M. Pohlenz, Staatsgedanke u. Staatslehre d. Gr., 43: es „weht etwas wie akademische Luft in der Schrift".

mit ist das Fehlen bestimmter Meinungen über die akuten Forderungen des Tages wohl vereinbar. Kritik zu üben ist stets leichter als neue Ideen und Vorschläge zu bringen. Schließlich verraten auch die Stellen 1, 4—5. 1, 19 und 2, 10 keinen „großartigen Aspekt"; diese Gedanken waren jedem einigermaßen gebildeten Athener geläufig, nicht zum mindesten den Demokraten selbst, wie gerade die Stelle 3, 10 selbst verrät. Schließlich wäre es auch, trotz der allgemeinen Formulierung einiger Gedanken, worauf Gelzer noch hinweist, ganz natürlich, daß der Verfasser, der sich nirgends als Wissenschaftler, sondern überall als Politiker zeigt, konkrete Vorschläge für die Politik des Tages gebracht hätte, wenn er solche gehabt hätte [227].

Das Fehlen jeglicher richtungweisender Wege kann vielmehr allein aus der Eigenart der politischen Verhältnisse, in denen der Verfasser steht, verstanden werden. Dem perikleischen Staatsgedanken mit seinem schöpferischen Gehalt vermag unser Oligarch und seine ganze Gruppe, deren Vertreter er ist, kein Gegenbild entgegenzustellen. Das ist eine zweite Wirkung der perikleischen Staatsschöpfung. Die bisherige aristokratische Politik suchte eine beste Form des Staates in der Vereinigung konservativer Gedanken mit den neuen Ideen der Zeit und hatte feste Zielsetzungen. In der A. P. finden wir keine Andeutung eines neuen lebensfähigen Staatsgebildes, das etwa dem Verfasser vorschweben würde, geschweige denn, daß er gangbare Wege zu einem solchen Ziele weisen könnte. Der alte aristokratische Machtwille ist zwar noch vorhanden, man vergleiche 1, 9, aber er wird in dem Tone der Resignation vorgetragen, auf den bereits v. Meß, Rh. Mus. 66, 1911, 364 und Christ-Schmid, 477 hinwiesen. Die Rat- und Hilflosigkeit im Kampfe gegen die Demokratie beleuchtet treffend die Lage der oligarchischen Opposition. Der perikleische Staatsgedanke und seine Verwirklichung waren so überwältigend, daß die Opposition — geistig gesehen — einfach erdrückt wurde.

Aber diese Gegnerschaft war vorhanden und suchte zu wirken, konnte sich aber nicht mehr anders betätigen als in rationalistischer Zergliederung. Im Gedanklichen kommt nun die ganze Leidenschaft, mit der der griechische Mensch in politischen Dingen in einer uns modernen Menschen heute allmählich wieder naherückenden Tiefe zu

[227] Gelzer begründet den wissenschaftlichen Zug der Schrift, der u. a. auch von Christ-Schmid, 477 und Schoeffer, 350 abgelehnt wird, weiterhin durch den Hinweis auf stilistische Ähnlichkeiten der Schrift mit der jonisch-wissenschaftlichen Literatur der Zeit (93 ff.). Dagegen sei die grundsätzliche Frage gestellt, welch anderen stilistischen Vorbildern die A. P., die erste attische Prosaschrift, sonst hätte folgen sollen. Darf aus den tatsächlich bestehenden stilistischen Berührungen mit der jonisch-wissenschaftlichen Literatur zwingend gefolgert werden, daß auch die A. P. eine wissenschaftliche Schrift ist? Oder kann nicht vielmehr der Verfasser einiges in der äußeren Form übernommen, diese aber mit neuem Gehalt erfüllt haben, ein Vorgang, der uns besonders in der römischen Literatur nicht fremd ist?

handeln pflegte, zum Durchbruch. In Parteidoktrinen rettungslos befangen kommt er jedoch nur zur Erkenntnis der Unmöglichkeit einer baldigen Aufhebung oder Änderung der Verfassung und findet, daß ihm und seinen Gesinnungsgenossen das Feld des Handelns versperrt ist. So kommt er zu dem oft rein verstandesmäßigen Erörtern der politischen Probleme. Wie klein erscheint neben dem blutvollen, lebendigen Bilde, das Perikles von seinem Staate entwirft, das Denken dieses Ideologen, der die Augen schließt vor dem Ganzen, was vor ihm steht, und der mit scharfsinnigem Zergliedern der Teile politisches Leben verstehen will.

Wir wissen nicht sicher, in wie weit die Ergebnisse über den oligarchischen Verfasser der Schrift hinaus auf den ganzen Kreis der Oligarchen ausgedehnt werden dürfen. Wohl gab es im Athen des beginnenden peloponnesischen Krieges nicht viele solche Männer wie unseren Verfasser. Aber wenn auch eine genauere Festlegung seiner Persönlichkeit unmöglich ist[228], er scheint an führender Stelle im Kreise der Oligarchen gestanden zu haben. Der ganzen Eigenart nach ist seine Schrift als eine Vorläuferin der oligarchischen Parteischriften zu betrachten, wie sie im Laufe und besonders gegen Ende des peloponnesischen Krieges erschienen, allerdings eine Vorläuferin ganz eigener Art[229]. Außerdem ist ein Zusammenhang der A. P. mit den Hetairien und den dort üblichen Diskussionen anzunehmen[230]. Wir dürfen also doch wohl annehmen, daß in der Schrift vom Staate der Athener politische Anschauungen der Oligarchen insgesamt vorliegen. Damit wird die Schrift besonders wertvoll, da in ihr die ganze innere Lage und Haltung der antidemokratischen Gruppe von der Feder eines ihrer Anhänger selbst gezeichnet erscheint. Wir sehen das Vorhandensein einer Schicht, welche den perikleischen Staat verständnislos ablehnt, ohne selbst etwas Neues, Positives an dessen Stelle setzen zu können. Wir sehen mit erschreckender Deutlichkeit, wie die Oligarchen voller Haß und Erbitterung nur auf die Zeit warten, wo sie ihre egoistischen Parteiinteressen betätigen können, womöglich als die Herren im Staate, wie denn auch diese Schicht im im Laufe des peloponnesischen Krieges immer mehr überhand nimmt und schließlich die Macht im Staate an sich reißt. Die Vorgänge von 411 und am Ende des Krieges haben hier ihre geistige Voraussetzung.

---

[228] Vgl. Kalinka, 17 ff. Ollier, 165 denkt neuerdings an Kritias oder Phrynichos. Gelzer hat den bereits von Schmidt, 10 ff. gebrachten Vorschlag, einen gewissen Xenophon Euripidou Meliteus als Verfasser der Schrift zu betrachten, wieder ans Licht gezogen. Dagegen hat schon Müller-Strübing, 126 seine Stimme erhoben und Gelzer selbst gesteht trotz neuer Hinweise, daß irgendwelche Sicherheiten nicht mehr zu gewinnen sind.

[229] Man vgl. die Parteischrift aus dem Kreise des Theramenes (RE 5 A, 2316 ff. u. Wilamowitz-Möllendorff, Aristot. u. Athen, 1, 161 ff.) oder die Parteischrift des Kritias (RE 11, 1908) oder Andokides (RE 1, 2128).

[230] Zu der S. 67 angeführten Lit. vgl. noch Schoeffer, 350 ff. und Ollier, 167.

Zusammenfassung und Ergebnisse

Die antidemokratische Strömung zeigte sich in dem zur Untersuchung stehenden Zeitraum in lückenloser Abfolge. Daß sie jemals ganz verschwunden war, selbst in Zeiten, wo sie nicht zutage trat und wir sie nicht greifen können, wird niemand annehmen, der die Strömungen des politischen Lebens kennt. Der Kampf zwischen demokratischer und antidemokratischer Bewegung darf nicht als Ständekampf gesehen werden. Der Adel als Stand hatte seine Bedeutung bereits in den Ständekämpfen des 7./6. Jahrhunderts eingebüßt. Als ein letzter Ausläufer dieses Kampfes erscheint vielleicht der Reaktionsversuch des Isagoras. Die antidemokratische Strömung der Folgezeit ist daher, so sehr Standesinteressen maßgebend waren, nicht als Entwicklung des aristokratischen Standes zu einer Partei anzusehen. Die antidemokratische Bewegung wird zwar verkörpert von der Mehrzahl der aristokratischen Geschlechter. Diese aber finden sich nur zusammen in der Abwehr gegen demokratenfreundliche Männer aus ebenfalls aristokratischen Häusern. Dieser Zusammenschluß führt zumeist zur Hinwendung an die aus ähnlichen Gesichtspunkten entstandenen Grundsätze eines aristokratischen Führers, dem sich aber gewöhnlich auch andere Schichten als die aristokratische allein anschließen.

Dabei läßt sich eine gewisse Kontinuität der aristokratischen Politik nicht verkennen. Abgesehen von den durch die Zeitumstände bedingten Veränderungen vertreten alle diese aristokratischen Führer gleichgerichtete Gesichtspunkte: in der Innenpolitik durch Zügelung der vorwärtsstürmenden demokratischen Tendenzen eine ruhige und sichere Entwicklung; in der Außenpolitik eine die Bundesgenossen schonende, nicht rein egoistische Machtpolitik. Maßgebend ist dabei nicht zuletzt die Orientierung an Sparta, das ebenfalls eine aristokratisch-traditionelle Politik trieb.

Die Haltung der antidemokratischen Bewegung in der ersten Hälfte des 5. Jahrhunderts ist positiv. Im Vordergrund steht das Streben nach der besten Gestaltung des Staates. Aber das Scheitern der antidemokratischen Politik unter Thukydides bringt einen Wendepunkt. Die Opposition unter Perikles entbehrt der positiven Zielsetzungen. Sie zeigt nur verneinenden Kampf und niederreißende Kritik. Die oligarchische Schicht, die fortan die Gegnerschaft gegen die Demokratie verkörpert, darf mit dem alten, ehrlichen Teil der Aristokraten nicht gleichgesetzt werden. Diese waren schon zahlenmäßig sehr geschwächt, nicht zuletzt durch die großen Blutverluste in den Kriegen, und werden immer mehr in den Hintergrund gedrängt. In die Geisteshaltung der antidemokratisch-oligarchischen Kreise gibt uns Ps. Xenophons Schrift einen Einblick. Sie ist das Sammelbecken der antidemokratischen Gedanken des ganzen 5. Jahrhunderts. In ihr münden noch die Anschauungen der vorausgehenden antidemokratischen Bewegung, sie spiegelt die Gedankenhaltung der Opposition ihrer Zeit wider und in ihr sind die geistigen Grundlagen für die Parteikämpfe der Folgezeit gegeben.

Im Verlaufe der Darstellung haben sich verschiedene Gesichtspunkte immer wieder in den Vordergrund gedrängt. Diese Gesichtspunkte sollen hier zusammengefaßt werden. Wenn wir die bewegenden Kräfte der Zeit, sowohl der demokratischen wie der antidemokratischen Strömung ins Auge fassen, so ergibt sich das Bild, daß ebenso wie der Widerstand gegen die demokratische Entwicklung von Aristokraten getragen ist, auch die Ideen der Demokratie von Männern aus adeligem Geschlecht aufgegriffen und durchgeführt werden. Danach erscheint die Geschichte Athens durch den Antagonismus weniger Geschlechter bestimmt.

An der Spitze der drei Gruppen, die uns um 580 entgegentreten, stehen Männer aus adeligen Häusern. Hier ist zum ersten Male die Erscheinung geboten, daß einzelne Adelsgeschlechter, nachdem Standesgefühl und Korpsgeist anscheinend geschwunden, sich im Kampfe um die Macht gegenüberstehen. Die Tyrannis des Peisistratos, eines der Führer dieser Gruppen, begegnet daher dem Widerstand der übrigen Adelsgeschlechter. Die Folgezeit sieht Isagoras im Kampfe um die Macht gegen Kleisthenes. Das Geschlecht der Alkmaioniden ergreift in diesem Kampfe die Sache des Volkes und hält an dieser Stellung fortan fest. Der Widerstand einer großen Anzahl von Adelsgeschlechtern gegen das durch die Verbindung mit dem Volke allzu mächtig werdende Geschlecht der Alkmaioniden wird dadurch gleichbedeutend mit einem Widerstand gegen die demokratische Entwicklung.

So liegen Ursprung und Ausgang der antidemokratischen Strömung in dem Machtstreben einzelner Adelsgeschlechter begründet. Dieses Verhältnis bleibt. Nie geht der Kampf der Adelsgeschlechter in geschlossener Front gegen das Volk, sondern immer steht auch an der Spitze des Volkes ein Mann aus der aristokratischen Gesellschaft, wodurch aller Kampf letzten Endes sich zu einer Auseinandersetzung zwischen den führenden, nach Macht strebenden aristokratischen Männern gestaltet.

So stehen Miltiades und Aristeides gegen Themistokles und Xanthippos, stehen Kimon und Thukydides gegen Ephialtes und Perikles. Ja im Grunde scheinen es nur zwei Geschlechter zu sein, bei denen sich der Kampf um die Machtstellung von Geschlecht zu Geschlecht forterbt. Auf demokratischer Seite das Haus der Alkmaioniden, die auf der demokratischen Bewegung ruhende heimliche Dynastie Athens. Auf antidemokratischer Seite das Haus der Philaiden, seit Miltiades das Rückgrat der antidemokratischen Bewegung, mit dem die führenden Männer der aristokratischen Gruppe durch enge, meist verwandtschaftliche Bande verknüpft sind. Vergegenwärtigen wir uns so die wenigen aristokratischen Geschlechter, die die führende Rolle in der Politik dieses Zeitraums gespielt haben, so erscheint uns die athenische Geschichte dieser Zeit noch gentil gebunden, wie dies in besonderem Maße bei der römischen Geschichte überhaupt der Fall ist.

Wir sehen in Athen bis zum Tode des Perikles ausschließlich Männer aus aristokratischen Häusern an der führenden Stelle des Staates. In wohltuendem Wechsel greifen die hervorragenden Führerpersönlichkeiten beider Gruppen, der demokratischen wie der antidemokratischen Bewegung, maßgebend in die Gestaltung des Staates ein. Die ungesunde Reaktion des Isagoras verhindert der demosfreundliche Kleisthenes. Umgekehrt hemmen Männer wie Miltiades, Aristeides und Kimon eine überstürzte Ausbreitung und Verwirklichung der demokratischen Tendenzen. Schließlich setzt sich Perikles durch und gestaltet als überragender Führer einen demokratischen Staat, dem jedoch ein aristokratischer Charakter nicht abgesprochen werden kann. Es fehlt zwar nicht an gefährlichen Auseinandersetzungen zwischen beiden Gruppen und ihren Führern, aber es ist wie das gesunde Atemholen des politischen Lebens, vor allem dank der Haltung und der positiven Zielsetzungen der aristokratischen Führer. Für sie ist das politische Leben ein Agon um die beste Leistung im Staate. Ihre Politik verliert nie den Charakter einer bewußten, selbständigen Führung. Das *κατέχειν τὸν δῆμον*, die solonische Forderung für einen großen Führer im innerpolitischen Leben, wird nie außer acht gelassen.

Eine Gefolgschaft allein, wenn auch noch so stark und schöpferisch, kann ohne tüchtigen Führer nie dauernde Leistungen erzielen. Solange in Athen das aristokratische Führertum die gewaltigen Kräfte, die das athenische Volk entwickelte, leitete und führte, war Athens Aufstieg zu klassischer Höhe und Form gesichert. Die aristokratische Schicht stellte auf Grund ihrer Zucht und Erbweisheit immer wieder, bis in die Tage des peloponnesischen Krieges, geborene Führernaturen an die Spitze des Staates [231]. Die entscheidende Bedeutung dieses aristokratischen Führertums kommt uns besonders zum Bewußtsein, wenn wir den Blick auf die Verhältnisse richten, wie sie nach dem Ausscheiden dieses Führerelements entstanden. An die Stelle des wirklichen Führertums trat Demagogentum im heutigen Sinne des Wortes. Das Hauptziel war Gewinnung und Erhaltung der Volksgunst mit allen zur Verfügung stehenden Mitteln. Die adeligen Prädikate, Blut, ererbtes Vermögen und Bildung, suchen wir bei diesen Männern vergebens. Egoistisches Verhalten dieser „Führer“ zog bald eigensinniges Walten des Volkes nach sich. Daraus entsprang ein immer rücksichtsloserer Parteikampf, der die besten Kräfte des Staates verzehrte. Die durch das Fehlen eines geeigneten Führernachwuchses nach dem Tode des Perikles eingetretene Wende haben denn auch schon Thukydides 2, 65 und Aristoteles A. P. 28 erkannt.

Es zeigte sich mit Deutlichkeit, daß bei Entstehung und Verlauf der antidemokratischen Strömung, wenn sich auch allmählich einzelne Merkmale herausbildeten, keine programmatischen Forderungen, keine theoretischen Anschauungen maßgebend waren. Ebenso wenig waren Kleisthenes, Themistokles oder Perikles doktrinäre Demokraten. Es waren nicht Kämpfe zwischen Prinzipien, sondern Kämpfe zwischen Männern, nicht Kampf um prinzipielle, sondern Kampf um individuelle Gestaltung des Staates.

---

[231] Zu diesem echten Führergeist im Gegensatz zum Geiste der „Verführer“ vgl. E. Spranger, Lebensformen, Halle 1924, 222 und H. Weinstock, Polis, 67 ff. 75 ff.

Das politische Leben war noch viel zu ursprünglich, naturhaft, um sich auf Theorien festzulegen und darüber Kämpfe zu entfesseln. Das hinter uns liegende 19. Jahrhundert mit seinen Verfassungskämpfen hat jedoch dazu geführt, daß man auch die Geschichte Athens unter dem Gesichtspunkt grundsätzlicher Verfassungskämpfe betrachtete. Diese in der Wissenschaft vorherrschende Tendenz erfuhr durch die im Jahre 1891 aufgefundene Schrift des Aristoteles vom Staate der Athener gleichsam Bestätigung und neue Anregung [232]. Aber Aristoteles war Systematiker, nicht Historiker. Er sah den vorliegenden Abschnitt der athenischen Geschichte aus einem Abstand von nahezu eineinhalb Jahrhunderten. Nur langsam macht sich die Forschung von dem ungeheuren Einfluß, den der Stagirite und seine Schüler mit ihrer Betrachtungsweise der athenischen Geschichte ausgeübt haben, wieder frei [233]. Zu Hilfe kommen ihr dabei die Erfahrungen der letzten Zeit, die deutlich zeigen, daß mit dem Namen einer Verfassung nicht auch zugleich ihr Gehalt ausgedrückt sein muß, daß der Name einer Verfassung oft nur die Schale ist, die einem oberflächlichen Beschauer den wahren Kern verbirgt. Für den vorliegenden Teil der athenischen Geschichte gilt es besonders, „durch die Decke der Verfassung hindurch auf die eigentliche politische Substanz der Zeit hindurchzustoßen" [234]. Als diese Substanz erwies sich im Laufe der Untersuchung immer wieder das autoritäre, auf Persönlichkeitswerten beruhende Führertum der großen Männer. Mit Recht kann man von einem „personalen Grundzug des athenischen Staatswesens" sprechen [235].

Wie sich die antidemokratische Strömung nur an Hand der großen Führernaturen und ihrer Zielsetzungen darstellen ließ, so ist auch die demokratische Entwicklung unlöslich mit dem Machtstreben ihrer Führer verknüpft. Nicht der Staat, die Verfassung diktierte diesen Männern, sondern diese Männer diktierten dem Staat. Die Grundtriebkräfte des politischen Geschehens — Streben des Individuums sich zur Selbstherrschaft zu bringen, Kraft und Besonnenheit der persönlichen Initiative, oder mit griechischen Wertungen gesagt: ἀριστεύειν und πρωτεύειν [236] — zeigen uns auch deutlich die

---

[232] Vgl. W. Oncken, Die Staatslehre d. Aristot., Leipzig 1, 1870; 2, 1875, bes. 2, 411—518.

[233] Vgl. A. v. Meß, Aristot. A. P. u. d. polit. Schriftstellerei in Athen, Rhein. Mus. 66, 1911. K. F. Herrmann, Lehrb. d. gr. Staatsaltertümer 3, neubearb. von Swoboda, 1913 [6]. Vgl. E. Ehrenberg, Die Rechtsidee im frühen Griechentum, Leipzig 1921, bes. 130.

[234] H. Berve, Antike 12, 1936, 1 ff., der in dieser Skizze den Umbruch in der Betrachtungsweise der athenischen Geschichte unserer Zeit deutlich und bewußt vollzieht; s. Anm. 66.

[235] Berve GG, 1, 201. Gut auch G. Strohm, Demos und Monarch, Stuttgart 1922, 151 ff. bes. 166. Vgl. dazu die Ausführungen von E. v. Stern, Staatsform und Einzelpersönlichkeit im klassischen Altertum (Hallische Universit.-Reden, Nr. 20), 1923, bes. 3. 7 f. u. 10.

[236] Dazu H. Schaefer, Staatsform und Politik, Leipzig 1932, 178 ff.; J. Vogt, Hermes 68, 1933, 87: „Der Agon um die Stellung des Aristos . . beherrschte Kampf, Waffenspiel und Politik der Griechen".

beiden wichtigsten unmittelbaren Zeugen dieser Epoche. Herodot offenbart dies bei der Schilderung des Kampfes zwischen Isagoras und Kleisthenes (siehe dort) und bei der Erzählung der Schicksale des Miltiades [237]. Thukydides vollends durchdringt mit scharfem historischen Blick die Decke der athenischen Verfassung und stellt mit einzigartiger Prägnanz die eigentliche politische Substanz der perikleischen Zeit heraus, wenn er 2, 65, 9 sagt: „*'Εγίγνετό τε λόγῳ μὲν δημοκρατία, ἔργῳ δὲ ὑπὸ τοῦ πρώτου ἀνδρὸς ἀρχή*“. Diese berühmte und zweifellos richtige Feststellung darf auf die ganze erste Hälfte des 5. Jahrhunderts Anwendung finden.

Der antidemokratischen Strömung sind, wie sich mehrfach zeigte, auch rassische Merkmale eigen. Das autoritäre, auf persönlichen Werten beruhende, eine freiwillige Gefolgschaft gewinnende Führertum, wie es sich bei den Männern der aristokratischen Politik, besonders bei Kimon zeigte, steht als Kennzeichen nordischen Lebens dem asiatischen Despotentum gegenüber. Der Adel selbst, der Hauptträger der antidemokratischen Bewegung, zeigte noch vielfach nordische Blutwerte, die ihn mehr als andere Schichten zu politischen und geistigen Großtaten befähigten [238]. Das Zusammengehörigkeitsgefühl der antidemokratisch gesinnten Adelsgeschlechter mag in solchem Rassenstolz, wie ihn ein Vertreter der antidemokratischen Bewegung — Pseudo-Xenophon A. P. 2, 7 f. — äußert, seine tiefe Wurzel gehabt haben. Auch die vorwiegend nordische Herkunft des Bauerntums mag diese Schicht seit den Tagen des Miltiades zum Anschluß an die antidemokratische Front bewogen haben. Aus gleichem rassischen Instinkt, wenn auch unbewußt, mögen sich Adel und Bauerntum gegen die Aufgabe der bäuerlichen Fundierung des Staates und vor allem gegen die Schwächung des bodenständigen Hoplitenheeres ausgesprochen haben. Auch bei der Bewunderung Spartas, dem typischen Zug der antidemokratischen Strömung, kann das Gefühl einer zusammengehörigen, aus ursprünglich nordisch bestimmtem Leben herkommenden Herrenschicht mitgewirkt haben. „Die traditionellen Kräfte des Bodens und Blutes fühlen sich ... Sparta und seinem Geiste verwandt [239]. Die blutmäßige Schwächung der adeligen Träger der antidemokratischen Strömung durch innerpolitischen Kräfteverbrauch, innerpolitische Ausmerzung und durch verlustreiche Kriege [240] veränderten auch bald das Gesicht der antidemokratischen Bewegung. Es zeigen also Führer und Gefolgschaft, Zielsetzungen und Verlauf der antidemokratischen Strömung nordisch bedingte Züge. Vielleicht darf die antidemokratische Bewegung — allerdings nur mit größter Vorsicht und unter größten Einschrän-

---

[237] Vgl. M. Pohlenz, Herodot, der erste Geschichtsschreiber des Abendlandes (Neue Wege zur Antike 2, 7/8), Leipzig 1937, 201. Siehe auch I. Bruns, Das literarische Porträt der Griechen, München 1896, 82 ff.

[238] Hans F. K. Günther, Vergangenheit und Gegenwart, 25, 1935, 540; Sieglin, Forschungen und Fortschritte, 11, 1935, 165.

[239]) H. Berve, GG, 1, 287.

[240] Vgl. Aristot. Pol. 5, 1303 a 8.; B. Keil, Griech. Staatsaltertümer, 310.

kungen[241] als nordische Bewegung, als Widerstand eines nordischen Elements gegen die ihm wesensfremde politische Entwicklung zur Demokratie angesehen werden. Damit soll nur ein Gesichtspunkt eröffnet werden. Zu sicheren Ergebnissen zu kommen liegt nicht in der Kompetenz des Verfassers.

---

[241] Besonders ist zu beachten, daß die demokratische Bewegung in unserem Zeitraum von Männern desselben Adels geführt wird und daß der Geist der Periklesrede auf die Gefallenen wahrlich nordisch anmutet.

Literatur-Verzeichnis

J. Beloch, GG=Griechische Geschichte. I. II. 2. Aufl. Straßburg 1912—1916.

— Die attische Politik seit Perikles, Leipzig 1884.

H. Berve, GG=Griechische Geschichte. I. II. Freiburg 1933 (Geschichte der führenden Völker, Band 4 und 5).

— Miltiades, Studien zur Geschichte des Mannes und seiner Zeit, Berlin 1937.

— Sparta (Meyers kl. Handb. 7), 1937.

E. Bethe, Ahnenbild und Familiengeschichte bei Griechen und Römern, München 1935.

H. Bogner, Die verwirklichte Demokratie, Hamburg-Berlin 1930.

R. J. Bonner, Aspects of Athenian Democracy, Berkeley 1933.

G. Busolt, GG=Griechische Geschichte. 3 Bände. Gotha 1893—1904.

— Griechische Staatskunde (Iw. v. Müllers Handb. d. kl. Alt.-Wiss. IV, 1, 1, 3. Aufl. bearb. von Swoboda). 2 Bde. München 1920/26.

G. M. Calhoun, Athenian Clubs in politics and litigation, Chicago 1913.

CAH = The Cambridge Ancient History, Bd. IV und V, Cambridge 1926/27.

W. v. Christ, Geschichte der griech. Literatur (Iw. v. Müllers Handb. d. kl. Alt.-Wiss. VII, 1). 6. Aufl. bearb. von W. Schmid. München 1912.

E. Curtius, Griechische Geschichte. 3 Bde. Berlin 1878/80.

R. Walther Darré, Das Bauerntum als Lebensquell der nordischen Rasse, München 1933.

H. Delbrück, Gesch. d. Kriegskunst I, Berlin 1900.

— Die Perserkriege und Burgunderkriege. Berlin 1887.

L. Deubner, Attische Feste, Berlin 1932.

G. Droysen, Heerwesen und Kriegführung d. Griechen und Römer, Freiburg 1889.

V. Ehrenberg, Der griech. u. d. hellenist. Staat (A. Gercke-E. Norden, Einl. in d. Alt.-Wiss. III, 3). Leipzig 1932.

— Neugründer d. Staates, München 1925.

— Ost und West, Prag 1935.

K. I. Gelzer, Die Schrift vom Staate d. Athener (Hermes Einzelschr. 3). Berlin 1937.

F. K. Günther, Rassengesch. des hell. u. d. römischen Volkes, München 1929.

J. Hasebroek, Griechische Wirtschafts- und Gesellschaftsgeschichte, Tübingen 1931.

W. Jaeger, Paideia, Berlin-Leipzig 1934. 2. Aufl. 1936.

U. Kahrstedt, Staatsgebiet und Staatsangehörige in Athen (Studien zum öffentl. Recht Athens I. Göttinger Forsch. 4), Stuttgart 1934.

Untersuchungen zur Magistratur in Athen (Stud. z. öffentl. Recht Athens II, Gött. Forsch. 10), Stuttgart 1936.

E. Kalinka, Die pseudoxenophontische Athenaion Politeia, Einleitung, Übersetzung, Erklärung, Leipzig-Berlin 1913.

J. Kirchner, Prosopographia Attica I u. II. Berlin 1901/03.

E. Kornemann, Staaten, Völker, Männer, Leipzig 1934.

J. Kromayer-G. Veith, Heerwesen u. Kriegführung der Griechen u. Römer, München 1928.

E. Meyer, Geschichte des Altertums. 5 Bde. Stuttgart u. Berlin I, 1 u. I, 2. 3. Aufl. 1910/13; II, 1. 2. Aufl. 1928; II u. III. 1. Aufl. 1893/1901; III. 2. Aufl. Bearb. von Stier, Stuttgart 1937.
— Forsch. z. alt. Gesch. I u. II, Halle 1892/99.
F. Ollier, Le Mirage Spartiate, Paris 1933.
RE = Paulys Real-Encyklopädie der classischen Altertumswiss. Neu bearb. von G. Wissowa und W. Kroll. Stuttgart seit 1894.
M. Rostovtzeff, A History of the Ancient World. Translated by I. D. Duff. Bd. I: The Orient and Greece. Oxford 1926.
H. Schaefer, Staatsform und Politik, Leipzig 1932.
W. Schmid-O. Stählin, Geschichte der griechischen Literatur (Iw. v. Müllers Handb. d. Alt.-Wiss VII, 1), I,1 München 1929, I,2 München 1934.
A. M. O. Shepard, Sea Power in Ancient History, London 1925.
F. Taeger, Thukydides, Stuttgart 1925.
J. Toepffer, Attische Genealogie, Berlin 1889.
H. Weinstock, Polis, Berlin 1934.
L. Whibley, Political Parties in Athens during the pelop. war, Cambridge 1889.
U. v. Wilamowitz-Möllendorf, Aristoteles und Athen, I und II, Berlin 1893.
— Staat und Gesellschaft der Griechen und Römer (P. Hinnberg, Kultur der Gegenwart, Teil II, Abt. IV, 1). Berlin 1910.
H. Willrich, Perikles, Göttingen 1936.

Andere herangezogene Werke, Dissertationen, Untersuchungen und Aufsätze in Zeitschriften usw. sind an der betr. Stelle angeführt.

INHALT

Sach-Register